Reisen in die Heimat

Band 6

Markus Eckstein

BONN UND VORGEBIRGE

regionale2010

Markus Eckstein Reisen in die Heimat Band 6

Bonn und Vorgebirge

J.P. BACHEM VERLAG

regionale2010

Bildnachweis:
Titelbild: Tim Friesenhagen

Alle Bilder: Markus Eckstein, außer: Bengel, Michael: S. 64; Bodamer Architekten BDA / B2 Landschaftsarchitekten: S. 83; Friesenhagen, Tim: S. 21; Regionale 2010-Agentur/Christoph Hölzer: S. 94; Regionale 2010-Agentur/Ralf Schuhmann: S. 82-85; Schmitz-Hübsch: S. 92; Stadt Bonn, Presseamt (Foto: Michael Sondermann): S. 35; Vöhringer + Partner Architekten: S. 31; Wikimedia Commons/Dickbauch S. 69*; Wikimedia Commons/Hawobo: S. 21*, 22 o.*, 22. u.*; Wikimedia Commons/Jpetersen: S. 44**; Wikimedia Commons/public domain: S. 72; Wikimedia Commons/Qualle: S. 43 u.*; Wikimedia Commons/Sir James: S. 20*; Wikimedia Commons/Thomas Wolf: S. 23*; Wikimedia Commons/Hans Weingartz: S. 18**, 43 o.**; Wirtz, Christiane: S. 17, 24
*freigegeben unter CC-BY-SA-3.0, siehe: http://creativecommons.org/licenses/by-sa/3.0/
** freigegeben unter CC-BY-SA-2.0, siehe: http://creativecommons.org/licenses/by-sa/2.0/

Bibliografische Information der Deutschen Nationalbibliothek
Die Deutsche Nationalbibliothek verzeichnet diese Publikation in der Deutschen Nationalbibliografie; detaillierte bibliografische Daten sind im Internet über http://dnb.d-nb.de abrufbar.

1. Auflage 2010

Redaktion: Martina Dammrat, Christoph Hölzer, Reimar Molitor und Miriam Moser, Köln
Lektorat: Christiane Wirtz, Bonn
Bildredaktion: Aurette Liese, Köln
Kartengestaltung: KGS Schlaich, Geislingen
Kartenausführung: Angelika Solibieda, cartomedia, Karlsruhe
Einbandgestaltung und Layout: Heike Unger, Berlin
Reproduktionen: Reprowerkstatt Wargalla GmbH, Köln
Druck: Grafisches Centrum Cuno, Calbe
Printed in Germany
ISBN 978-3-7616-2335-0

Titelbild: Kultur, Natur und Bildung – was die ganze Region auszeichnet, ist auch in der Stadt zu sehen: Bonns frühlingshafter Hofgarten mit Münster und Universität.

Vom Reisen in die Heimat

Mark vom Hofe

In die Heimat reisen, die gewohnte Umgebung mit anderen Augen sehen, Bekanntes wiederentdecken und Neues erkunden – das ist das Ziel der Buchreihe **Reisen in die Heimat**. Möglich wird dies durch die Regionale 2010, jene „Rheinische Welt-Ausstellung", die nach sechs Jahren der Ideensammlung, Projektentwicklung, Kreativität und Fantasie in die Umsetzungsphase gestartet ist und 2010 vorstellen will, welche zukunftsweisenden Projekte in der Region Köln / Bonn in Angriff genommen wurden.

Die Regionale 2010 verfolgt ein wesentliches Ziel: Menschen sollen die Zukunft ihrer Heimat selbst in die Hand nehmen. Zwischen Bergheim und Bergneustadt, zwischen Wermelskirchen und Windeck haben dies Politik, Wirtschaft, Einzelhandel, Vereine aus Sport, Kultur und Naturschutz, Wohlfahrtsverbände und Bürgerinitiativen – kurz alle, die bei Projekten der Zukunft mitsprechen und sie mitgestalten wollen – getan. Sie haben die Initiative ergriffen, nicht lokal, sondern regional, über die Grenzen der Gemeinden und Kreise hinaus, ja sogar über das große vereinende, aber zugleich so trennende fließende Band, den Rhein, hinweg.

Die Menschen in der Region sollen sich ihres Schatzes vor der eigenen Haustür oder auf der jeweils anderen Rheinseite stärker bewusst werden. Die Regionale will Brücken schlagen und zeigen, dass sich die Region als eine attraktive, erlebnis- und abwechslungsreiche Gruppe von Kulturlandschaftsräumen darstellt, die eng miteinander verzahnt sind.

Acht ausgesuchte Ziele der Heimat

Fragt man Menschen, was ihnen zum Rheinland einfällt, lautet die Antwort oft: Karneval, Kölner Dom und Siebengebirge. Folglich widmet die

Buchreihe **Köln** und dem **Siebengebirge** je einen Band. Auch der **Rhein**, der dem Land den Namen gibt, muss einen eigenen Band erhalten. Ihnen gemein ist die Mischung aus Bekanntem, regional Besonderem und Innovativem als Ergebnis des Regionale-Prozesses: Informationen, Tipps, Anekdoten und unbekannte Zusammenhänge machen die Ausflüge zu neuen, reichen Erlebnissen.

Der Titel **Vierflüsseland** beschreibt das Gebiet östlich des Rheins entlang der Dhünn, der Wupper und der Strunde und beleuchtet das Zusammenspiel von Mensch und Gewässer bei der Arbeit und der Erholung. Im Osten liegen auch die **Bergischen Höhen**, die von Grünland, Wald und tief eingeschnittenen Tälern geprägt sind und im Raum des „Wasserquintetts" hinter gewaltigen Mauern das Wasser speichern. Die reich gewundenen Flüsse **Sieg und Bröl** schließlich prägen eine besonders reizvolle Landschaft mit großem geschichtlichen Hintergrund, für den Schloss Homburg im Homburger Ländchen steht.

Im Westen der Region verdienen mit **Bonn und Vorgebirge** die ehemalige Bundeshauptstadt und die Kultur- und Naturschätze ihres Umlandes einschließlich des lang gestreckten Waldgebietes Kottenforst ebenso einen eigenen Band wie das größte rheinische Braunkohlegebiet **Entlang der Erft**. Mit dieser Landschaft, die seit Generationen durch den Tagebau geformt wird und in der nun zu den zwei Kölner Grüngürteln ein drittes grünes Band entsteht, schließt sich der Reigen: Wer die gesamte Region erkunden will, hat mit acht Bänden und einem Radführer dazu die Gelegenheit – und die Gewissheit, in jedem Band die bekannten, aber vor allem die unbekannten Besonderheiten, Sehenswürdigkeiten und Eigenarten genannt, erklärt und in ihre regionalen Zusammenhänge eingeordnet zu finden. Auf dass daraus wiederum Heimat werde.

Kulturlandschaftsraum Bonn und Vorgebirge

Der Kulturlandschaftsraum Bonn und Vorgebirge umfasst ein weites Gebiet zwischen Mittelrheinischer Pforte mit Drachenfelser Ländchen und den Ausläufern des Siebengebirges sowie den südlichen Randgebieten von Börde und Ville bis zur Rheinniederterrasse im Siegmündungsgebiet. Auch nach über 160 Jahren ist Ernst Moritz Arndts begeisterte und viel zitierte Rundschau vom Turm der Godesburg auf den gesamten Raum übertragbar: „Diese reitzendste Stelle, durch ihre Lage und ihre Umgebungen einer der lieblichsten Punkte am Rheingestade, schaut auf das erhabene Siebengebirg ... hier blitzt gleichsam der hellste Silberblick der wunderbaren Gegend auf, welche an Mannigfaltigkeit und Erhabenheit im Vaterlande schwerlich ihres Gleichen findet."

Der Kulturlandschaftsbereich Bonn

Bonn ist von großen Waldgebieten umgeben. In der Rheinaue, an den Hängen des Venusberges und in der Siegaue gibt es noch bedeutende Reste des Naturerbes. Die kulturhistorische Bedeutung Bonns weist weit über die Region hinaus. Die ältesten im Stadtbild ablesbaren Strukturen reichen bis in die Zeit der Römer. Die eigentliche Stadtwerdung erfolgte erst im Mittelalter im Bereich des heutigen Münsters. Eine entscheidende Veränderung erfuhr Bonn, als es im 17. und 18. Jahrhundert unter den Kölner Kurfürsten zur Residenzstadt ausgebaut wurde. Nach der Entwicklung zur Universitäts- und Beamtenstadt wurde Bonn im 20. Jahrhundert ein weiteres Mal Sitz einer Regierung: Den Kölner Kurfürsten folgte die Bundesregierung. Der Verlust des Hauptstadtstatus' 1991 leitete den nächsten, bis heute andauernden Strukturwandel ein. In einer gewaltigen Anstrengung gibt die Stadt ihrem in der Republik einzigartigen Sonderstatus als „Bundesstadt" Sinn und Leben.

Der Kulturlandschaftsbereich Kottenforst

Der Kottenforst ist einer der größten zusammenhängenden Waldkomplexe der Region Köln/Bonn. Ökologisch zeichnet er sich durch eine bemerkenswerte Vielfalt in Flora und Fauna mit zahlreichen geschützten Arten aus. Nachdem der Wald seit dem Mittelalter durch intensiven Brennholzschlag und Rodung in weiten Teilen verwüstet worden war, erfuhr er im 18. Jahrhundert neues Leben als nachhaltig kultiviertes Jagdrevier. Zur Sicherung der zusammenhängenden Waldfläche muss ein ausgewogenes Nebeneinander des Naturbestandes mit einer sanften Freizeit- und Erholungsnutzung gefunden werden.

Der Kulturlandschaftsbereich Drachenfelser Ländchen und Voreifel

Das naturräumliche Erbe des Drachenfelser Ländchen besteht in einer vom Vulkanismus geprägten Relieflandschaft. Die nährstoffhaltigen Lössböden begünstigen eine ausgeprägte landwirtschaftliche Nutzung. Hier und im Voreifelraum der Meckenheimer Börde lassen sich die unterschiedlichsten Aspekte menschlichen Wirkens in und mit der Natur betrachten. Die nachhaltige kulturlandschaftliche Entwicklung der alten Dorf- und Bauernlandschaft stellt an den Ausbau umweltverträglicher und dennoch extensiver Acker- und Grünlandnutzungen hohe Anforderungen.

Der Kulturlandschaftsbereich Vorgebirge

Auch der südliche Teil der Ville weist noch größere geschlossene Waldbereiche auf. Die waldfreie Bördelandschaft dagegen ist eine der vorrangigen landwirtschaftlichen Gebiete der Region Köln/Bonn. Die charakteristische Ackerlandschaft gilt es möglichst zu bewahren und dabei gleichzeitig mit freizeit- und erholungsrelevanten Elementen anzureichern.

Bonner Spitzen – von links nach rechts: Namen-Jesu-Kirche, Münster, Minoritenkirche, Residenz (Universität) und davor die Glockendächer des Poppelsdorfer Schlosses

Lohmar
A 553
Rhein
Nieder-
kassel
Troisdorf
A 3
Brühl
A 555
A 59
Wesseling
Siegburg
Sieg
Erlebnisraum
Beuel
A 560
Erlebnisraum
Vorgebirge
Sankt
Augustin
Bornheim
Erlebnisraum
Geschichte
A 59
Alfter
Erlebnisraum
Politik, Wissen, Kultur
Erlebnisraum
Barock
Bonn
Erlebnisraum
Bad Godesberg
Königs-
winter
Swisttal
Bad
Honnef
Erlebnisraum
Kottenforst
Swistbach
Meckenheim
A 565
Rhein
Rheinbach
A 61
Wachtberg
Erlebnisraum
Drachenfelser Ländchen und Voreifel
Remagen
A 573
Sinzig
A 571
Bad Neuenahr-
Ahrweiler
A 61
N
0
5
km

Erlebnisräume in Bonn und Vorgebirge

Die Erlebnisräume umschreiben Teilbereiche des großen Kulturlandschaftsraumes Bonn und Vorgebirge. Sie beziehen sich nicht nur auf geografische Räume mit einzelnen wichtigen Ortstationen. Vor allem die Bonner Erlebnisräume sind systematisch und historisch aufgebaut. Das heißt: Sie sollen sich zu Fuß, mit dem Rad und im Ausnahmefall auch einmal motorisiert einen Moment in den rechten Geist und die rechte Zeit dieser Räume versetzen können. Das, was die Dinge waren, bestimmt heute unseren Lebensraum. Sich an sie zu erinnern, ist eine Grundvoraussetzung, um ihn zu bewahren.

Erlebnisraum Geschichte
Im Mittelalter werden Kulturlandschaften durch agrarische oder politische Inbesitznahmen gestaltet. Entscheidend war, wer wann wo rodete, Felder und Fischteiche anlegte, und wer wann wo eine Burg, eine Kirche baute. Auch die Geschichte einer Stadt lässt sich von der zeichenhaften Besetzung bestimmter Orte und Bauten her betrachten.

Erlebnisraum Barock
Im Barock werden ganze Landschaften fürs Amüsement und die Selbstdarstellung der Herrschenden umgestaltet. Im nachbarocken 19. Jahrhundert werden diese Kulturlandschaftsräume dann als bürgerlicher Stadtraum entdeckt und entsprechend erweitert.

Ein fürstlicher Austritt zur Uferpromenade an der Schaumburg-Lippe-Straße.

Erlebnisraum Politik, Wissen, Kultur
Die Gestaltung eines Stadtraumes als Spiegel des politischen und kulturellen Selbstverständnisses einer demokratisch ausgerichteten Gesellschaft ist hier Thema.

Erlebnisraum Beuel
Eingemeindungen und die Verstädterung von Dörfern haben seit dem Ende des 19. Jahrhunderts unsere Vorstellung von dem, was ein kleiner

Auf eisernen Rössern durch die Siegaue
Eine Schifffahrt ist die gemächlichste Art, Bonn zu durchstreifen.

Ort und was eine große Stadt ist, grundlegend verändert. Die Grenzen zwischen Naturlandschaft und Kulturlandschaft lösen sich auf.

Erlebnisraum Bad Godesberg
Die Entwicklung eines Stadtraumes zum Erlebnisraum kann Bad Godesberg verdeutlichen. Die historische Erschließung einer Kleinlandschaft und eines ehemaligen Dorfes für Kurbad, Villen und Einkaufsmeilen weckte das Bedürfnis nach naturähnlichem Ersatz: Parks wurden angelegt.

Erlebnisraum Kottenforst
Auch was natürlich scheint, ist oft das Ergebnis intensiver Kultivierung. Ohne Durchforstung wäre vom Kottenforst wohl nichts auf uns gekommen. Rudimente einer Naturlandschaft wurden im Barock zur Vergnügungslandschaft der fürstlichen Gesellschaft umgestaltet und so nachhaltig gerettet.

Erlebnisraum Drachenfelser Ländchen und Voreifel
Hier besteht der Kulturlandschaftsraum in einem komplizierten Verhältnis natürlicher Gegebenheiten mit deren Nutzbarmachung durch Landbau, Landabbau, Verkehrswege und Siedlungen. Zahlreiche Burgen und Schlösser künden von früheren politischen Besitznahmen.

Erlebnisraum Vorgebirge
Auch hier sticht die verzwickte Komplexität von Natürlichem und Kultürlichem ins Auge. Aus dem Versuch des Ausgleichs beider entsteht die moderne Idee vom Kulturlandschaftraum: die vom allen zugänglichen „Erlebnisraum“ für Freizeit und Erholung.

Nicht in den Teich gesetzt: Bonns neues Wahrzeichen beim Rheinauenpark

Erlebnisraum Geschichte

Im Jahre 921 vollzog sich auf dem Rhein eine Art erste Wiedervereinigung oder zumindest Wiederannäherung in der deutschen Geschichte. Drei Tage lang hatten sich der westfränkische König Karl der Einfältige und der ostfränkische König Heinrich I. misstrauisch von Ufer zu Ufer beäugt. Der eine *ad Bonnam castrum*, bei der Bonn-Burg, der andere von der anderen Seite, *ex altera parte Rheni*. Der Rhein war die gemeinsame Grenze beider, aus dem Zerfall des karolingischen Reiches hervorgegangener Königtümer. Am vierten Tag waren die Kontrahenten von ihren friedlichen Absichten überzeugt. Sie trafen sich auf der Mitte des Stromes, verankerten ihre Schiffe und schlossen Freundschaft.

Die Entwicklung von Siedlungszentren und Staaten im mittelalterlichen Europa vollzog sich in der symbolischen und politischen Inbeschlagnahme von Orten. Mit Kirchen, Pfalzen oder durch kultische Weihen wurden solche Orte auf lange Zeit sichtbar gemacht. Nur im Falle des Friedensschlusses zwischen Karl und Heinrich ging das ausnahmsweise nicht. Es sei denn, die beiden hätten auf dem Wasser dümpelnd in schildaesker Manier eine Kerbe in die Rehling der Boote geschlagen und so den Ort ihres Abkommens festhalten wollen.

Was können Sie hier tun und erleben?

Anhand solcher Ortsbesetzungen können Sie der Geschichte Bonns nachgehen. Da es von den römischen und frühmittelalterlichen Siedlungskernen nichts mehr zu sehen gibt, führt der Erlebnisraum Geschichte durch die Zeit ab dem hohen Mittelalter. Relikte „früherer Geschichten" bietet das Rheinische Landesmuseum.

Anfahrt:

Start der Tour ist am Hauptbahnhof. Er liegt verkehrstechnisch bestens, denn hier befinden sich auch der Zentrale Busbahnhof und eine U-Bahnstation.

Der 1885 eröffnete „Reichsbahnhof" diente um 1900 Volk wie Kaiserhaus als Brückenkopf zur Stadt. Über die zeitgleich angelegte Poststraße gelangen Sie auf kürzestem Wege aus Gegenwart und Gründerzeit zum Münsterplatz.

< *Die imposante Fassade des Münsters ist ein Hauptwerk der Romanik im Rheinland. Propst Gerhard von Are wollte mit ihr lästige Konkurrenten in Köln ausstechen.*

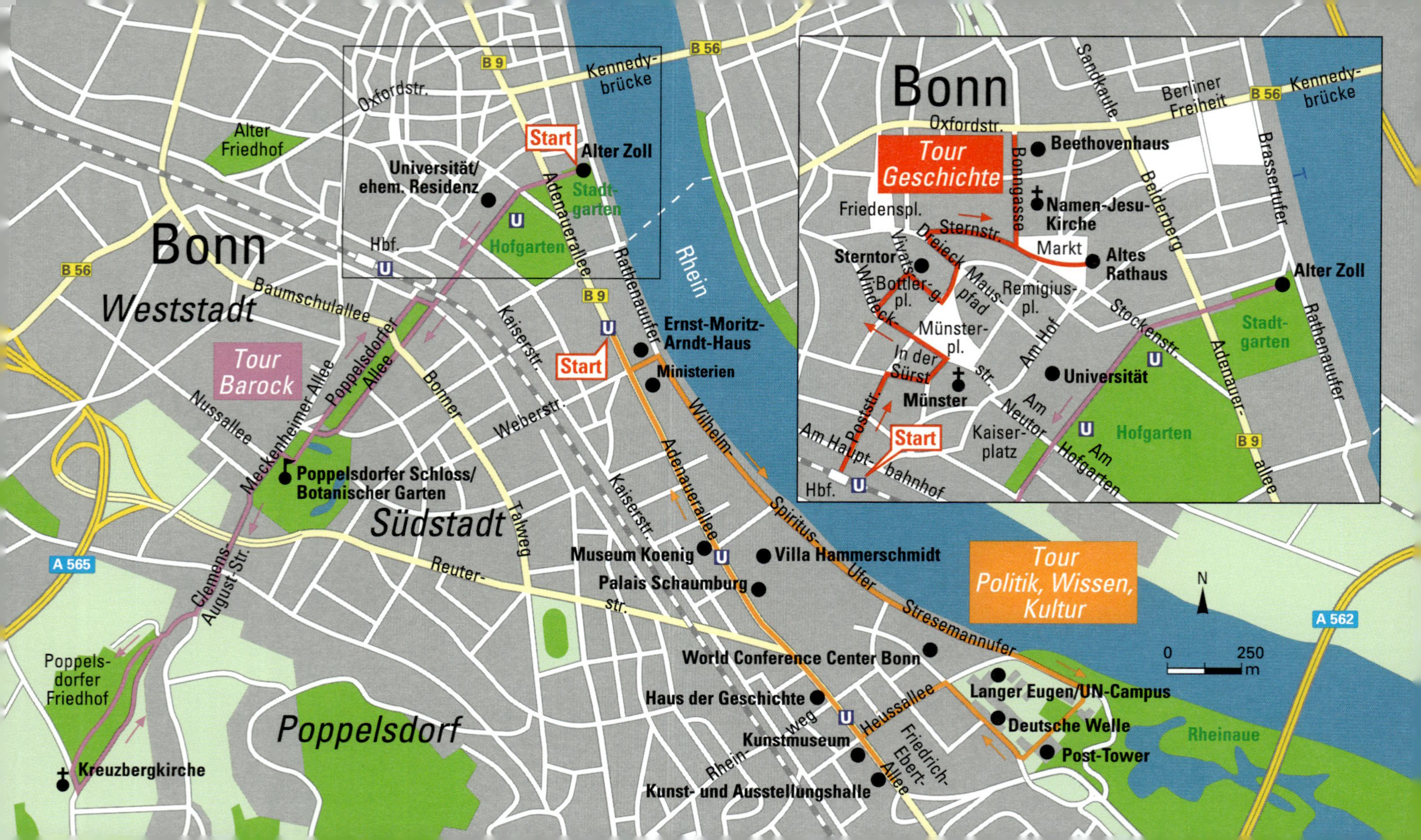
Bonn
Weststadt
Südstadt
Poppelsdorf
Tour Barock
Tour Politik, Wissen, Kultur
Tour Geschichte
Start
Alter Zoll
Universität/ ehem. Residenz
Stadtgarten
Hofgarten
Hbf.
Oxfordstr.
Kennedybrücke
B 56
B 9
A 565
A 562
Alter Friedhof
Baumschulallee
Poppelsdorfer Allee
Meckenheimer Allee
Nussallee
Poppelsdorfer Schloss/ Botanischer Garten
Clemens-August-Str.
Poppelsdorfer Friedhof
Kreuzbergkirche
Bonner Talweg
Reuterstr.
Kaiserstr.
Weberstr.
Adenauerallee
Rathenauufer
Rhein
Ernst-Moritz-Arndt-Haus
Ministerien
Wilhelm-Spiritus-Ufer
Museum Koenig
Villa Hammerschmidt
Palais Schaumburg
Stresemannufer
World Conference Center Bonn
Haus der Geschichte
Kunstmuseum
Rheinweg
Kunst- und Ausstellungshalle
Heussallee
Friedrich-Ebert-Allee
Langer Eugen/UN-Campus
Deutsche Welle
Post-Tower
Rheinaue
N
0
250
m
Berliner Freiheit
Sandkaule
Brassertufer
Beethovenhaus
Bonngasse
Namen-Jesu-Kirche
Friedenspl.
Sternstr.
Markt
Altes Rathaus
Belderberg
Sterntor
Vivatsg.
Dreieck
Bottlerpl.
Mauspfad
Remigiuspl.
Windeck-
Münsterpl.
In der Sürst
Münster
Münsterstr.
Am Hof
Stockenstr.
Universität
Poststr.
Am Hauptbahnhof
Am Neutor
Kaiserplatz
Am Hofgarten
Adenauerallee
U

Von der Zelle zum Organismus

Das Bonner Münster ist, wie eigentlich jede große und alte Kirche, ein wie ein Organismus aus dem Keim einer kultischen Besetzung gewachsener Ort. Um das Jahr 300 baute man auf einem römischen Friedhof eine *cella memoria*, einen Totengedächtnisraum, wo sich die Angehörigen zu Ehren der Verstorbenen zum gemeinsamen Mahl versammelten. Ab wann genau in dieser *cella* das Grab der Münster-Heiligen Cassius und Florentius gesehen wurde, ist nicht zu klären. Sicher ist aber, dass im Verlauf von eineinhalb Jahrtausenden bis heute immer wieder zu Ehren dieser Heiligen Kirchen an dieser Stätte an-, um-, aus- und neugebaut wurden.

Propst Gerhard und das Bonner Münster

Die Gestalt des Münsters ist Resultat einer weiteren grundlegenden symbolischen Ortsbesetzung. Kirchen mit halbrunden Chorbauten (Apsis) wurden in frühchristlich-antiker Zeit nach dem Vorbild römischer Thron- oder Gerichtshallen gebaut. Nur dass in den Apsiden anstelle des kaiserlichen Thrones nun die Altäre standen. Der 1153 geweihte Apsischor des Bonner Münsters mit den markanten Flankentürmen wurde unter dem bedeutendsten Propst des Stiftes errichtet. Der karriereorientierte Gerhard von Are war Archidiakon, also zweiter Mann im Bistum neben dem Erzbischof. Mit dem aufwendigen und damals sehr innovativen Chorbau bekundete Gerhard seinen Anspruch auf dieses höchste Amt. Das wurde auch so verstanden. In unmittelbarer Konkurrenz ließ das Stift St. Gereon in Köln, dessen Pröpste zuvor das Amt des Archidiakons bekleideten, einen ganz ähnlichen Chor an ihre Kirche bauen. Finanziert hatte den damals – war's ein

Bonns berühmtester Sohn blickt auf das bedeutendste Bauwerk der Stadt. Im Hintergrund der Turm der evangelischen Kreuzkirche aus dem 19. Jahrhundert

Trostpflaster für die Kölner? – Erzbischof Arnold von Wied, Bauherr auch der Kirche in Schwarzrheindorf.

Amöbe der Stadt

Im Gerangel um die Macht hatte Gerhard einmal eine herbe Schlappe einstecken müssen. Seine Hoffnung auf die Wahl zum Erzbischof von Köln, und damit auf allerhöchste geistliche und politische Macht im Bistum, erfüllte sich nicht. Doch als er am 2. Mai 1166 die Gebeine der heiligen Märtyrer seiner Kirche in goldgleißenden Schreinen aus der dunklen Krypta ans Licht des neuen Chors heben ließ, stiftete er einen jährlichen steuerfreien Markt auf dem Münsterplatz. Abgabefreiheiten begünstigten schon immer wirtschaftliche Entwicklungen. Durch Gerhards Marktstiftung wuchs das Areal ums Münster zum neuen Stadtzentrum heran. Bis dato lebten die Bonner vornehmlich in jener Bonn-Burg, das war das ehemalige mauergestärkte Römerlager im Bereich des heutigen Stadtteiles Bonn-Castell. Was bereits für das Münster galt, galt also auch für ganz Bonn im Mittelalter: Aus dem Keim der *cella memoria* und des Münsters wuchs der Organismus der Stadt.

Bann und Krönung

Die enge Verbindung von Kirche und Politik im Mittelalter betrifft auch das Münster selbst. Zweimal war es Krönungskirche. Die Kölner Erzbischöfe besaßen das Recht, die deutschen Könige zu erheben. 1314 krönte Erzbischof Heinrich von Virneburg in St. Cassius den nur von einer Minderheit der Kurfürsten gewählten Friedrich von Österreich, genannt der Schöne. 1346 wiederholte sich eine solche Szene. Jetzt erhob Erzbischof Walram von Jülich den späteren Kaiser Karl IV. im Münster. Verlierer beider Gegen-Krönungen war der von den deutschen Fürsten

Die Stahlplastiken des baskischen Bildhauers und einstigen spanischen Nationaltorwarts Eduardo Chillida umgreifen den leeren Raum.

Cassius, Florentius plus X

Auch Heilige waren Kapital im Konkurrenzkampf um den vornehmsten Posten. Cassius und Florentius, die Patrone des Bonner Münsters, waren römische Soldaten in der Zeit Kaiser Maximians (Ende 3. Jahrhundert). Wegen ihres christlichen Glaubens wurden sie hingerichtet. So sagt's die Legende. Die Legende erzählt weiter, die heilige Kaiserin Helena, Mutter Konstantin des Großen, habe zu Ehren dieser thebäischen, das heißt aus Ägypten stammenden Märtyrer eine erste Kirche über der *cella memoria* errichten lassen.

Von Helena über Thebäergräbern erbaute Kirchen reklamierten aber auch andere Stifte im Rheinland. In Xanten war es der heilige Victor, mit dem in dieser Weise der örtliche Propst seine Würden nachwies. Der Propst in Xanten war Archidiakon im Norden des Erzbistums. Das Kölner Stift St. Gereon führte zwei Hauptleute der Thebäer als Bedeutungsnachweis an: Gereon und Gregor Maurus. Auch in Köln soll Helena als Erste diesen Märtyrern eine Kirche gebaut haben. Und Bonn, dessen Propst Gerhard von Are den Kölnern den weit wichtigeren Archidiakonsposten abgeluchst hatte? Als Gerhard gemeinsam mit Erzbischof Rainald von Dassel die Reliquien von Cassius und Florentius in den neuen Chorbau erhob, bettete er auch Gebein des heiligen Malusius in einen Schrein. Er hatte drei Thebäer! Pünktlich zur Reliquienerhebung war dieser Märtyrer, der dem Propst bis dahin nur über die Literatur bekannt gewesen sein dürfte, bei den Ausschachtungsarbeiten für den neuen Chor entdeckt worden.

Seit 2002 verweisen Iskender Yedilers Granitköpfe vor dem Münster auf das Märtyrium der Heiligen Cassius und Florentius. Drei Jahre später schuf Yediler ein Gereonhaupt für Köln.

Denk mal! Beethoven

Als 1845 auf dem Münsterplatz in Anwesenheit des preußischen Königs und der englischen Königin das Beethovendenkmal enthüllt wurde, staunten die Honoratioren nicht schlecht. Sahen sie doch auf die Kehrseite des berühmten Sohnes der Stadt. „Ei, ei, er kehrt uns ja den Rücken", soll Friedrich Wilhelm IV. von Preußen geraunt haben.

Eine zeitgenössische Ansicht zeigt, wie das geschehen konnte: Das Denkmal steht axial und mit dem Gesicht zum offenen Münsterplatz vor dem 1751–53 erbauten und seit 1876 als Hauptpost genutzten Fürstenbergischen Palais. Ganz bewusst hatte man es vor das ehemalige Kanonikerhaus aus Beethovens barocken Jugenddekaden gestellt. König und Königin hatten nun standesgemäß zur Einweihung auf dem Balkon des Palais Platz nehmen dürfen; die übrigen Honoratioren waren ebenso hinter dem Denkmal versammelt. Palais, Beethoven und Prominenz präsentierten sich damit dem auf dem Münsterplatz versammelten Volk als eine Art Enthüllungstableau – mit erwähnter peinlicher Folge.

Anfangs hatte sich die Bonner Öffentlichkeit verhalten zu den Denkmalsplänen geäußert. Rund zwanzig Jahre nach Beethovens Tod war das Bewusstsein für dessen Werk und Person noch nicht so weit gewesen, dass man sich seiner ohne Weiteres erinnern wollte. Erst nach intensiver Reklame durch Franz Liszt wurde das vom Dresdener Bildhauer Ernst Hähnel entworfene Bildwerk gegossen. Heute ist Beethoven (1770–1827) mit dessen zum Museum eingerichtetem Geburtshaus, mit Beethovenfest, Beethovenorchester, Beethovenpfad und Beethovenhalle eines der Aushängeschilder der Stadt.

Als Vierzehnjähriger wurde Beethoven zum Hoforganisten ernannt. Seine musikalischen Sporen hatte er sich an den Orgeln der Minoritenkirche, des Münsters oder der Schlosskirche verdient.

bevorzugte Herzog Ludwig von Bayern. Ging Bayern damals auch leer aus: Ungefähr 200 Jahre später sollte es generationenlang die Kölner Erzbischöfe und damit die Herren Bonns sowie des gesamten Kurfürstentums stellen.
Die politische Vereinnahmung eines Ortes kann im Mittelalter auch durch Brandmarkung einer Person geschehen. Der Kölner Erzbischof Ruprecht von der Pfalz hatte sich im Neusser Krieg mit dem Burgunderherrscher Karl dem Kühnen verbündet und sich damit gegen sein eigenes Territorium gestellt. Deshalb wurde er vom Papst mit dem Kirchenbann belegt. Als Ruprecht 1480 starb, wurde der Bann zwar aufgehoben, zum Zeichen des Frevels strich man aber sein Wappen am Grab im Bonner Münster mit dem sogenannten Bastardfaden durch.

Sterntor

Nach der Vertreibung des Erzbischofes als Stadtherr Kölns im Jahre 1288 wird Bonn mehr und mehr zum Residenzort ausgebaut. Faktisch ist Bonn seither Hauptstadt des vom Bischof geführten weltlichen Fürstentums Kurköln. Offiziell gilt das aber erst ab 1597 „unter den Bayern". Auch wenn den Bonnern vonseiten der Bischöfe gelegentlich städtische Freiheiten verliehen wurden – so gewährte Konrad von Hochstaden 1244 Leibeigenen nach einem Jahr Aufenthalt in Bonn die Unabhängigkeit –, das erste und das letzte Wort hatte der Bischof. Er war der Stadtherr. Er ließ auf dem Platz vor dem Münster den Pranger errichten. Er übte die Blutgerichtsbarkeit aus.
Konrad von Hochstadens Freiheitsgeschenk gab es nicht umsonst. Es war ihm der Befehl vorangegangen, dass die Bonner eine Mauer um ihre Stadt zu ziehen hätten. Eine Stadtmauer war immer ein Stärke und Solidität versicherndes Ding im Mittelalter. Doch die damit verbunde-

Schutz und Schirm gewährt das Sterntor heute nur noch den Cafébesuchern.

nen Kosten für den Unterhalt und die Wachen dürften die Bewohner arg gedrückt haben.

Von der mittelalterlichen Stadtmauer ist kaum etwas erhalten. Lediglich das Sterntor am Bottlerplatz vermittelt noch deren ehemalige Größe. Das Sterntor steht allerdings nicht am ursprünglichen Platz. 1900 wurde es etwa achtzig Meter vom früheren Standort entfernt neben einem weiteren erhaltenen Mauerrest neu errichtet. So ist es heute so etwas wie ein romantisches Stadtmöbel. Die Wasseranlage und Cafés in der Fußgängerzone um das Tor bieten einen schönen Flecken für ein Päuschen an zentralem Ort.

Namen-Jesu-Kirche

Die 1686–1704 erbaute Jesuitenkirche (Weihe 1717) ist ein architektonisches Glaubensbekenntnis. Sie besetzt keinen geografisch feststellbaren Ort von Bedeutung, wie im Falle des Münsters. Sie manifestiert einen weltanschaulichen Standpunkt. Wie ihr Vorbild St. Mariä Himmelfahrt in Köln ist sie die Stiftung eines bayerisch-katholischen, gegen die „Drohungen des Protestantismus“ eingesetzten Kölner Kurfürsten. Im Falle der Kölner Kirche waren Ferdinand von Bayern und Bruder Maximilian die Finanziers, im Falle Bonns Max Heinrich von Bayern. Die erzkatholischen Bayern auf Kölns Bischofsthron

Wappentiere und Embleme unter dem Christusmonogramm künden vom kurfürstlichen Stifter.
Die renovierte Namen-Jesu-Kirche wird Seelsorgezentrum und Bischofssitz der Altkatholiken.

lieβen beiden Kirchen deutliche mittelalterliche Stilzutaten verpassen. So sind zum Beispiel die Fenster mit den eingestellten Säulen in den obersten Turmgeschossen so gestaltet, wie man das zu Zeiten des Propstes Gerhards im 12. Jahrhundert machte. Sollte heißen: „Die Geschichte der römisch-katholischen Kirche reicht weiter zurück als die des Protestantismus! Alleinvertretungsanspruch in Glaubenssachen hat allein die Kirche Roms!"

Das wenige Eingänge neben der Namen-Jesu-Kirche gelegene Haus Bonngasse 20 bekundet eine weitere Art, einen Ort zum Monument zu erheben. Seitdem im 19. Jahrhundert nicht nur die Stätten der Heiligen oder Potentaten (be)merkenswert wurden, konnten sich auch private Stätten, wie hier Beethovens Geburtshaus, zur musealen Pilgerstätte mausern.

Altes Rathaus

Das alte Rathaus mit Freitreppe zum Markt nun ist eine regelrechte Volksbühne der politischen Aktion. So war es auch gedacht. Neben den Bonner Bürgermeistern, den neu gewählten Bundespräsidenten seit Theodor Heuss (1949) oder Prinz Karneval, die sich in gewisser Regelmäßigkeit auf der Treppe präsentieren, standen auf und sprachen von der Außenstiege Nelson Mandela, Michail Gorbatschow, Queen Elisabeth II., John F. Kennedy, Charles de Gaulle oder der demokratische Schriftsteller und Revolutionär Gottfried Kinkel (1848). Der letzte Kur-

Bonns Stadtwappen im Mansarddach und am Treppengitter des alten Rathauses zeigt im oberen Teil des Schildes das Kreuz des Erzstiftes und der Kölner Kurfürsten.

fürst Kölns, Max Franz, erteilte von hier aus mit Tränen in den Augen den Bonnern seinen bischöflichen Segen, bevor er vor den anrückenden französischen Revolutionstruppen nach Wien floh. Auf dem Markt vor dem Rathaus fieberten 1991 auch Tausende Bonner dem Hauptstadtbeschluss (siehe S. 39) des Deutschen Parlaments entgegen.
Erbaut wurde das Rathaus 1737–38 unter Kurfürst Clemens August. Der Fürst hatte höchstselbst den Grundstein gelegt. Architekt war sein Hofbaumeister Michael Leveilly, der der zahlenden Bürgerschaft gewissermaßen als Pflichtbaumeister vermittelt worden war. Leveillys Bauwerk ähnelt denn auch mehr einem barocken Adelsschlösschen als einem auch als Kaufhaus und Warenspeicher zu nutzenden Bürgerhause. Konsequenterweise wurden im Rathaus auch nicht die Porträts der Bonner Bürgermeister, sondern die der Kölner Kurfürsten an die Wand gehängt.

Marktbrunnen

In puncto „korrekte Darstellung der Machtverhältnisse" kann man auch den Marktbrunnen betrachten. Der 1777 nach Brand und Zerstörung der Residenz neu errichtete Brunnen, an dem die Bonner ganz real ihr Trinkwasser nahmen, entstand auf Befehl von Kurfürst Maximilian Friedrich als „Danckmahl" für die eigene Herrschaft. „Du grubst dein Denkmal in unsere Herzen ein", vermerkt eine Inschrift in Augenhöhe. Ursprünglich zierte den Obelisken obenauf zusätzlich die Darstellung des Kurfürstenhutes, das politische Herrschaftszeichen des Fürsten. Bonner Bürger entfernten ihn wohl bald nach dem Einmarsch der Franzosen 1794. Ob Schiller für die bitterböse Lachnummer im „Wilhelm Tell", in der alle Altdorfer Bürger vor dem Hut des Reichsvogts Geßler auf dem Markt knien müssen, an Bonns Brunnen dachte?

Frühmorgens vor Öffnung des täglichen Marktes. Dominant und in kritischer Distanz zum „absolutistischen" Rathaus und zum Marktbrunnen das Stadthaus aus den 1970er-Jahren.

TOURISMUSINFORMATION
Bonn Information
Windeckstr. 1 / Münsterplatz, 53111 Bonn
Tel. 0228 / 77 50 00, www.bonn.de
Tourist-Information, Zimmervermittlung, Stadtrundfahrten, Stadtführungen, Tickets

HEREINGESCHAUT!
Münsterbasilika mit Kreuzgang
Münsterplatz, 53111 Bonn
Tel. 0228 / 98 58 80
www.bonner-muenster.de

Namen-Jesu-Kirche
Bonngasse 6–8, 53111 Bonn
Die Kirche ist bis ca. 2011 wegen Umbau geschlossen.

Remigiuskirche
Brüdergasse 8, 53111 Bonn
Tel. 0228 / 72 59 20
Mo–So 7–18 Uhr

Beethoven-Haus und Digitales Beethoven-Haus
Bonngasse 18–26, 53111 Bonn
Tel. 0228 / 98 17 50
www.beethoven-haus-bonn.de
1. Nov. – 31. März Mo–Sa 10–17 Uhr, So, Feiertag 11–17 Uhr; 1. Apr. – 31. Okt. Mo–Sa 10–18 Uhr, So, Feiertag 11–18 Uhr
Eintritt: € 5,00, erm. € 4,00, Familienkarte € 10,00

Das internationale **Beethovenfest Bonn** präsentiert von September bis Oktober hochwertige Konzerte mit klassischer Musik
Eintrittskarten über Bonnticket
Tel. 0228 / 201 03 45
www.beethovenfest.de

Der **Beethoven-Rundgang** führt auf den Spuren Ludwig van Beethovens durch Bonn. Weitere Informationen über Bonn Information oder www.bonn.de –> Kultur –> Beethoven

Altes Rathaus
Markt, 53111 Bonn
Jeden 1. Sa im Monat, Mai – Okt. 12–16 Uhr (Repräsentationsräume)

LVR-LandesMuseum
siehe S. 45

Alter Friedhof
Auf dem 1715 angelegten Friedhof befinden sich die Gräber von Robert und Clara Schumann, Karl Simrock, Ernst Moritz Arndt oder Beethovens Mutter
Öffnungszeiten: Sommer 7–20 Uhr, Winter 8–17 Uhr.

Ein Grund zum Kofferpacken? Das Bürgerhaus auf einer Linie mit dem Fürstenschloss.

UT
DEUS

Erlebnisraum Barock

Auch wenn es den Begriff „Kulturlandschaftsraum" vor dreihundert Jahren noch nicht gab: In keine Epoche passt er besser als ins Barock. Während schon die römischen Planer Städte und Kastelle rasterförmig à la New York-Manhattan anlegten, während heute natürlich erscheinende Auenlandschaften oft das Ergebnis mittelalterlicher Gewässerumleitungen sind oder Landwirtschaft und Rohstoffgewinnung seit Jahrhunderten by the way die Landschaften verändern, so wurden im Barock, im Unterschied zu all jenen, Architektur und Landschaft bewusst zu einer Einheit gebracht. Landschaft war nicht mehr nur Umgebung von Gebäuden oder Siedlungen, sondern umgekehrt: Die Landschaft wurde zum Teil der Architektur. Sie wurde für die Privilegierten zum Lebensraum umgestaltet.

Was können Sie hier tun und erleben?

In der Region Köln/Bonn wird dies nirgendwo deutlicher als an Bonns berühmter Barockachse und im Kottenforst. Letzterer wird an eigener Stelle behandelt (S. 65–73). Der jetzt beschriebene Weg führt entlang der Barockachse bis auf den Kreuzberg. Von dort gelingt eine der schönsten Aussichten über Bonn bis zum Siebengebirge und weit in die Kölner Bucht.

Anfahrt:

Die Reise beginnt am Alten Zoll. Hin und zurück sind es sechs Kilometer. Am besten gehen Sie zu Fuß. Ein Schlenker durch den Botanischen Garten führt zu Varianten der kultivierten Natur vom Barock bis in die Gegenwart.

Die Tour ist weitgehend barrierefrei. Wer mit Kindern unterwegs ist, sollte aber die Gesamtstrecke und die Steigung am Kreuzberg berücksichtigen. Auch für Gehbehinderte ist die nicht unwesentlich. Falls Sie die Alternative Fahrrad wählen: Den Stationsweg auf den Kreuzberg sollten Sie dennoch „authentisch" zu Fuß absolvieren.

< *Erzengel Michael macht eine gute Figur über dem Koblenzer Tor. Den vergoldeten Bleiguss schufen um 1755 Vater und Sohn Willem und Hendrik Rottermondt.*

Vom Bau des Absoluten

1689 wurde Bonn im Rahmen des Pfälzischen Erbfolgekrieges nach Belagerung in Schutt und Asche gelegt. Die nur eine Generation zuvor angelegte sternförmige Bastion hatte sich gegen die Kanonade als unwirksam erwiesen. Deshalb wurde sie später geschleift. Lediglich der Alte Zoll blieb als überragendes Monument des barocken Bollwerkes stehen. Mit Schleifung der Bastion 1715 begann eine grundlegende Umgestaltung der Stadt von einem seit Römerzeit wehrtechnisch gesicherten Ort zu einer auf äußeren Schmuck hin angelegten Rokoko-Residenzlandschaft. Bonns Barockachse entstand. Sie ist das Resultat einer zeittypischen eskapistischen Bauwut zweier in der ersten Hälfte des 18. Jahrhunderts regierender Kurfürsten.

Residenz

Sie bewegen sich in der Zeit zwischen 1697 (Baubeginn der Residenz unter Kurfürst Joseph Clemens) und 1751 (Jahr der Weihe der Heiligen Stiege auf dem Kreuzberg durch Clemens August). Joseph Clemens hatte die Residenz im Kern über den Resten des 1689 zerstörten Schlosses seines Vorvorgängers Ferdinand errichten lassen. Den mächtigen neuen, von vier Türmen eingefassten Mittelbau im italienischen Stil plante der aus Graubünden stammende und seit 1669 in München tätige

Das Koblenzer Tor ist Teil eines an die Residenz angeschlossenen Flügelbaus in Richtung Rhein.
Heinrich Heine im Spiegel seiner Alma Mater – Ulrich Rückriems Denkmal vor der Uni/Residenz

Architekt Enrico Zuccalli. Da sich Joseph Clemens im Spanischen Erbfolgekrieg (1701–14) gegen den deutschen Kaiser auf die Seite des französischen Königs gestellt hatte, verfiel er der Reichsacht und musste fliehen. Erst 1715, nach der Rückkehr aus Frankreich, konnte er an die Vollendung des Werkes gehen. In über fünfhundert Briefen plante er nun mit dem Pariser Baumeister Robert de Cotte, Frankreichs Premier Architecte du Roi, die Erweiterung des Schlosses. Südlich wurden das Buen Retiro, die privaten Rekreationsgemächer, und im Norden das Neue Quartier angebaut. Der ebenfalls im französischen Stil angelegte Hofgarten erweiterte das Areal nach Südosten noch vor die ehemalige Stadtgrenze, die an dieser Stelle von der jetzt geschliffenen barocken Bastion gebildet worden war.

Poppelsdorfer Allee

Bei der Residenzerweiterung wurde von vornherein die umgebende Landschaft einbezogen. Richtung Südost fällt von den fürstlichen Gemächern aus das Siebengebirge ins Auge, nach Südwest, vom Buen Retiro aus, das Poppelsdorfer Schloss. Dieses „Clemensruh“ genannte Schloss war eine Maison de Campagne, ein Landhaus, und diente ebenfalls der Erholung vom Regieren. Es steht über den Resten einer 1583 im Kölnischen Krieg zerstörten Wasserburg. Es gab also auch früher schon zwei nah beieinander liegende Herrschaftsanlagen. Neu war aber jetzt, dass sie unter Joseph Clemens zu einer Art bipolaren Einheit verbunden wurden und dass diese Einheit nur mit dem Blick des Fürsten wahrzunehmen war. Er sollte vom Retiro auf „Clemensruh“ schauen können und von der „Clemensruh“ aufs Retiro. Der Fürst war Fixpunkt und Fokussierender zugleich. Solch eine Konzentration auf die Person des Herrschers war gängig im Barock.

Allianz von Politik und Kirche – die kurbischöfliche Residenz und das Münster von der Hofgartenwiese gesehen

Nun wurde auch die räumliche Verbindung beider Bauwerke gestaltet. Ein von Alleen gesäumter und mit Kähnen befahrbarer Kanal sollte der Augenfreude und Belustigung der illustren Gesellschaft dienen. Daraus wurde allerdings deutlich weniger als beabsichtigt. Immense Kosten und wassertechnische Schwierigkeiten zwangen die Planungen in die Knie. Erst 1750 wurden sie unter Clemens August in abgespeckter, sprich wasserloser Weise umgesetzt. Das ist die Poppelsdorfer Allee.
Der Bürger von heute kann den Fürstenblick aufs Poppelsdorfer Schloss vom Kaiserplatz aus wagen. In Höhe des Bahnübergangs ist deutlich die Niederung der Gumme, ein ehemaliger Rheinarm, zu erkennen. Die Fußgängerunterführung zeichnet ihr Grundprofil nach. Sind Sie durch die Gumme durch und dann auf der Achse Richtung Poppelsdorf, so fällt Ihr Blick schon bald auf die schräg oberhalb des Schlosses liegende Kreuzbergkirche.

Poppelsdorfer Schloss und Botanischer Garten

Schloss „Clemensruh“ wurde 1715 nach Plänen Robert de Cottes sowie des örtlichen Baumeisters Guillaume Hauberat ebenfalls unter Joseph Clemens begonnen. Vollendet wurde es unter Clemens August,

Spieglein, Spieglein an der Wand … Poppelsdorfer Schloss am Botanischen Garten
Fürstlicher Blick vom Retiro auf Clemensruh

dessen rocaillehaftes Wappen die zentrale Toreinfahrt schmückt. Betritt man den Innenhof, erlebt man die Kreisung des Quadrats. Der im äußeren Grundriss rechtwinklige Bau umschließt einen runden Säulenhof. Die Verbindung konträrer geometrischer Figuren ist ebenfalls ein Anliegen barocker Kunst.

Der Schlossgarten wird seit 1818 als Botanischer Garten genutzt. Auf sechseinhalb Hektar präsentieren sich barocke Gartenarchitektur, englischer Landschaftsgarten, Schau- und Lehrgärten sowie Gewächshäuser des 19. und 20. Jahrhunderts. 1991–96 entstand eine die regionale natürliche Rheinauenlandschaft en miniature nachbildende Biotopanlage. Am Botanischen Garten lohnt ein Abstecher in die Nussallee. Sie ist Teil einer weiteren, bis Schloss Brühl (Entlang der Erft, Bd. 5) geplanten Barockallee – wieder schnurgerade. Heute finden sich hier einige der beeindruckenden Universitätsgebäude des 19. Jahrhunderts.

Haus des Wasserträgers

Nun geht es weiter Richtung Kreuzberg. Die Clemens-August-Straße folgt topografischen Gegebenheiten. Eine statt ihrer geplante Achse von der „Clemensruh“ zur Kreuzbergkirche wurde gar nicht erst angegangen. Doch auch hier findet sich eine barocke Spur. Haus Nr. 13 stammt von 1750. Hier wohnte der kurfürstliche Wasserträger Peter Blentz. Der Mann hatte täglich Herrschaft und Hof in den Bonner Schlössern mit frischem Wasser zu versorgen. Auf fürstliches Geheiß wurde ihm ein standesgemäß hübsches Haus mit Walmdach, Werksteinfassung und Heiligennische an der Wand gebaut. 1979 geriet das Wasserträgerhaus in die Schlagzeilen, als ihm der Abriss drohte. Die glückliche Erhaltung geriet dann zu einem Paradestück der Bonner Denkmalpflege. Heute wird es gastronomisch genutzt. Herzliche Einladung zur Rast!

Noch heute leben Nachfahren des Wasserträgers Peter Blentz in Poppelsdorf. Das Untergeschoss und die Fassade des Hauses wurden aus Stein, das Obergeschoss in Fachwerk errichtet.

Stationsweg und Poppelsdorfer Friedhof

Und nun führt Ihr Weg bergan. Nach den ersten Fußfallstationen des Wallfahrtsweges kommen Sie an eine dreifache Weggabelung. Es geht: durch die Mitte, der anfangs hohlen, baumumstandenen Gasse nach. Sie führt durch die Gräberflur des Poppelsdorfer Friedhofs. Links ein kleiner Wald von Kreuzen, rechts grüßt ein Totenengel über die Böschung. Mit Sicherheit brennt an einer der Kreuzwegstationen eine Kerze oder es sind frische Blumen aufgestellt. Der Friedhof wurde 1798 angelegt. Ende des 19. Jahrhunderts musste er nach Westen erweitert werden. So geriet der Stationsweg zwischen die Gräber.

Es geht: weiter hinan, bis der Blick auf die Heilige Stiege fällt. Sollen Sie hier kurz rechts und den Blick auf die Kölner Bucht samt Dom genießen? Oder nehmen Sie den nächsten rechten Abzweig, gehen um den Garten der Kreuzkirche, wo Ihnen auf dem Weg ein weiterer monumentaler Passionsweg des 19. Jahrhunderts begegnet? Dann aber auch später die Kreuzbergallee vor der Heiligen Stiege noch einmal kurz hinab und den Blick wieder gen Stiege!

Kreuzbergkirche und Heilige Stiege

Die Kreuzbergkirche wurde 1627/28 von Ferdinand von Bayern zur Abwehr gegen die Pest erbaut. Der Bau belebte die Wallfahrten auf den Kreuzberg, denn der Weg der Passion war beliebt. Das permanente *memento mori* (Gedenke des Todes!) war für

Seit 1984 steht der Poppelsdorfer Friedhof unter Denkmalschutz.

Bunt und lebendig am Passionsweg

Reich und Arm ein Grundelement barocken Lebensgefühls. Heute führen noch vier Kreuz- und Stationswege hierher. Ab 1746 stattete Kurfürst Clemens August die Kirche neu aus und ließ unmittelbar an sie die Heilige Stiege errichten, ein Nachbau der römischen Scala Sancta, auf der Christus zum Palast des Pilatus schritt, und auf die Sie noch immer schauen: Die gemalte Uhr an der Dachgaube zeigt Viertel vor zwölf. Das ist die Zeit, zu der Pontius Pilatus mit Christus vor die Menge tritt. Beide stehen hoch über Ihnen auf dem Altan. „Was ist mit dem hier, soll er gekreuzigt werden?“, fragen Pontius und der Gefesselte Sie direkt ins Gesicht. Die Heilige Stiege ist ein glänzendes Beispiel der illusionistischen, an das Gefühl appellierenden theatralen Inszenierungskunst des Barock. Die Haupttreppe selbst darf man nur auf den Knien rauf. Auf dem oberen Absatz der Treppe befinden sich ein Altar und dahinter ein kleines, ursprünglich nur dem Kurfürsten zugängliches Oratorium (Gebetsraum) mit Fenster zum Innenraum der Kirche. Nur er konnte von hier aus das Deckengemälde mit der Auferstehung Christi – höchster Triumph des Kreuzes und Palliativ der Passion! – sehen. Und noch schöner: Von der Kirche aus konnte man nun ihn, Clemens August, sehen. Über Priester und Tabernakel mit dem Allerheiligsten saß er unter dem höchsten Punkt des Altarbaldachins. So war der Fürst ins Göttliche und Absolute entrückt.

Ursprünglich befanden sich in den offenen Fenstern zu Seiten des Altans noch weitere Figuren.
Auch die hl. Helena in der Kreuzbergkirche ist eine Arbeit von Willem und Hendrik Rottermondt.

Universität und Südstadt

Der letzte in Bonn residierende Kurfürst, Max Franz von Habsburg-Lothringen (regierte 1784–94), jüngster Spross der Kaiserin Maria Theresia, war ein aufgeklärter Fürst – wie viele seines Ranges im Herbst des Absolutismus. 1786 erhob er die einige Jahre zuvor unter seinem Vorgänger Max Friedrich von Königsegg-Rothenfels gestiftete Bonner Akademie zur „Kurkölnischen Universität". Mit Angliederung des linken Rheinufers an Frankreich musste sie zwar aufgegeben werden, 1818 kam es aber zur Neugründung der heutigen Universität durch Friedrich Wilhelm III. von Preußen. Max Franz hatte sich denn vielleicht doch nicht vorstellen können, dass durch die Arkadenhallen seiner Residenz einmal der Fahrradbote der Deutschen Post radeln, achtundzwanzigtausend Studenten hier ihr Hauptgebäude finden und der Schlossgarten einmal zur Hofgartenwiese gestutzt dem studentischen Chill und politischen Demonstrationen dienen würde.

Im Städtebau des 19. Jahrhunderts kommt es zu grundlegenden Umnutzungen und Umgestaltungen des barocken Erbes. So wird die quer durch die Landschaft gezogene feudale Macht- und Vergnügungsschneise „Poppelsdorfer Allee" zur Hauptstraße der Bonner Südstadt mit den heute wieder begehrten Gründerzeithäusern. An die Stelle des sich durch die Allee bewegenden Fürsten tritt ab circa 1860 der Saum der Häuserzeilen. In die umgebende Landschaft wird die in Straßen und Quartiere unterteilte Wohnordnung der bürgerlichen vermögenden Welt gefügt. Die Poppelsdorfer Allee wird zum Stadtraum.

In den 1950er- und 1960er-Jahren wurden noch ganze Straßenzüge der Südstadt abgerissen. Heute zählt sie wieder zu den begehrtesten Quartieren der Stadt.

HEREINGESCHAUT!

Schlösser

Residenz und Poppelsdorfer Schloss gehören heute zur Universität Bonn. Die Arkadenhöfe sind frei zugänglich

Schlosskirche in der ehemaligen Residenz
Am Hof 1, 53111 Bonn
Mo–Fr 13–15 Uhr, in den Semesterferien
Di–Do 13–15 Uhr

Akademisches Kunstmuseum
Antikensammlung der Universität Bonn
Am Hofgarten 21, 53113 Bonn
www.antikensammlung.uni-bonn.de
Di, Do 16–18 Uhr, So 11–16 Uhr, feiertags und im Aug. geschlossen

Ägyptisches Museum
Regina-Pacis-Weg 7, 53113 Bonn
Tel. 0228 / 73 97 10
www.aegyptisches-museum.uni-bonn.de
Di–So 12–18 Uhr
Eintritt: € 3,50, erm. € 2,50, Familienkarte € 9,00

Botanischer Garten
Meckenheimer Allee 171, 53115 Bonn
Tel. 0228 / 73 55 23
www.botgart.uni-bonn.de
1. Apr. – 31. Okt. So–Fr 10–18 Uhr,
Gewächshäuser Mo–Fr 10–12 Uhr,
14–16 Uhr, So, Feiertag 10–17.30 Uhr;
1. Nov. – 31. März Mo–Fr 10–16 Uhr,
Gewächshäuser Mo–Fr 10–12 Uhr,
14–16 Uhr
Eintritt: So, Feiertag € 2,00,
ermäßigt € 1,00

Poppelsdorfer Friedhof
Stationsweg 25, 53115 Bonn
März – Okt. 7.30–20 Uhr,
Nov. – Feb. 8–17 Uhr,
an Totengedenktagen 8–19 Uhr

Kreuzbergkirche
Stationsweg 21, 53127 Bonn
Tel. 0228 / 289 99-20
www.kreuzberg-bonn.de
Sommers täglich 9–18 Uhr, winters täglich 9–17 Uhr
Die Heilige Stiege ist nicht zugänglich, das Portal 9–17 Uhr geöffnet.

Erst die Flugschau verdeutlicht vollends die barocke Achsenlandschaft. Auch Quadrat und Kreis des Poppelsdorfer Schlosses sind so zu sehen.

Erlebnisraum Politik, Wissen, Kultur

Das Jahr des Mauerfalls – 1989 – war für Bonn auch das Jahr der offiziellen Zweitausendjahrfeier seit Ersterwähnung der Stadt. 1991 wurde mit der Entscheidung des Deutschen Bundestages, dass Berlin Hauptstadt des wiedervereinigten Deutschland werden sollte, eine maßgebliche Weiche für Bonns Start in das dritte Jahrtausend gestellt. Wie sollte der Verlust des Hauptstadtstatus samt befürchtetem Wegfall Zehntausender von Arbeitsplätzen aufgefangen werden? Drohte nun der Exodus von mehr als einem Viertel der Einwohnerschaft und damit die Verödung ganzer Stadtteile? So waren die Befürchtungen. Doch Bonn ist ein, man muss sagen: grandioser Wandel gelungen. Von der Bundeshaupt- zur Bundesstadt ging der Weg in Richtung einer rheinischen Kapitale, die nicht einfach nur Berlins zweites Standbein ist.

Was können Sie hier tun und erleben?

Wer vom Stresemannufer aus der Gebäudelandschaft der „alten" Republik **(Rhein, Bd. 1)** folgt, kann heute, zwanzig Jahre nach dem Hauptstadtbeschluss, Bonns Wandel erleben. Der am Haus der Geschichte beginnende, mit Informationstafeln bestückte „Weg der Demokratie" hält die Erinnerung an die Bundesrepublik, wie sie ein halbes Jahrhundert von Bonn aus regiert wurde, wach. Doch die realen Gebäude zieren neue Logos. Internationale Institutionen in etwas verwirrender Differenziertheit haben die alten, nationalen abgelöst. Riesen der Logistik sitzen nun neben den historischen Landmarken bundesrepublikanischer Demokratie. Der Ausbau Bonns als Standort von Museen mit nationaler Bedeutung begann schon in den letzten Jahren der alten Republik. Auf einer musischen Meile und wenigen, aber teils galaktischen Kilometern kann man sich in Politik, Wissen und Kultur der Stadt ergehen.

Anfahrt:

Startpunkt ist die U-Bahn-Haltestelle Juridicum (Linien 16, 63, 66, 67). Da ein oder sogar mehrere Museumsbesuche empfohlen sind, sollte man einen halben Tag einplanen. Statt zu Fuß empfiehlt sich die Tour auch per Rad, da die Strecke auf der doch etwas ungemütlich verkehrsreichen Adenauerallee schneller zurückgelegt werden kann.

< *Auf dem Weg über die kilometerlange Rheinuferpromenade buhlen diese beiden Türme um die Gunst Ihrer Blicke.*

Von der Bundeshaupt- zur Bundesstadt

An der Zweiten Fährgasse liegt an das Rheinufer geschmiegt das Grundstück Adenauerallee 79 mit dem Wohnhaus Ernst Moritz Arndts. Der Professor für Geschichte hatte dort über vierzig Jahre bis zu seinem Tod im Jahre 1860 gelebt. Arndt hatte sich sicher nicht träumen lassen, dass Bonn einmal die Hauptstadt eines deutschen Staates sein würde. Er hatte zwar einen nationalen deutschen Staat gefordert, doch erleben konnte er ihn nicht mehr. Von seinem Haus aus, mit Blick auf das geliebte Siebengebirge, oder am Flussufer wandelnd wird er viele Male seiner Vision vom Rhein als „Teutschlands Strom, nicht Teutschlands Gränze" nachgesonnen haben. Nachdem die linke Rheinseite unter Napoleon dem französischen Staate zugeschlagen worden war und dann 1814 im Wiener Kongress samt der rechten Seite an Preußen kam, hatten sich in den 1840er-Jahren in der französischen Generalität und Politik neue Annexionsgelüste in Bezug auf die linksrheinischen Gebiete geregt. Für Arndt aber sollte zusammenbleiben, was nach dieser, nun ja, Wiedervereinigung von 1814 zusammengehörte: das rechte und das linke, sein „Bonner" Ufer. Der Rhein sollte für immer der Binnenstrom eines mächtigen, zukünftigen deutschen Staates sein, und nicht die Demarkationslinie zweier Länder, deren Völker sich gegenseitig als „Erbfeinde" beschimpften. Der Rhein sollte der „Deutsche Strom" sein. Bei der Frage nach der Hauptstadt jenes ersehnten deutschen Staates dürfte Arndt sicher als Allererstes Berlin eingefallen sein.

Der Erleuchtete

Wenn Sie heute vom Ernst-Moritz-Arndt-Haus rund zwei Kilometer dem weiten Bogen der Uferpromenade bis zum Stresemannufer folgen, tref-

Rosarot gefärbter Klassizismus für einen Vordenker des Nationalen: Das Anfang des 19. Jahrhunderts nach Plänen von Hermann Friedrich Waesemann erbaute Ernst-Moritz-Arndt-Haus.

fen Sie auf eine monumentale, im Jahr des Mauerfalls begonnene Stahlplastik des Italieners Mark di Suvero. „Allumé" (Der Erleuchtete) wirkt wie eine riesige Pfeilspitze. Dominant ist sie auf das nach Plänen von Günter Behnisch gleichzeitig errichtete neue Parlamentsgebäude der alten Bundesrepublik gerichtet. Die Kanten des Stahlpfeiles lassen sich auch als Vektoren oder Strahlen lesen. Ein Vektor führt in Richtung des Himmels. Sitzt da der Erleuchtete? Der längste, waagerechte Strahl weist in Richtung der Hauptstadt mehrerer deutscher Staaten seit 1871: Berlin. Worauf nun lenkt di Suvero Ihre Aufmerksamkeit genau? Weist er auf Bonn und das Parlament? Bonn wurde in den 1990er-Jahren noch massiv als Hauptstadt der BRD ausgebaut. Oder führt er Sie in Richtung der alt-neuen Hauptstadt des wiedervereinigten Deutschland? Die Antwort lautet: Es kommt auf den zeitlichen Standpunkt an. 1989 begonnen, wurde „Allumé" 1992, ein Jahr nach dem Hauptstadtbeschluss, eingeweiht. Man darf vermuten, dass Professor Arndt mit dem mehrfachen Hauptstadtwechsel zwischen Berlin und Bonn sehr einverstanden gewesen wäre.

Bundesstadt

Die Entscheidung für Berlin fiel knapp aus. 337 Stimmen gegen 320 Stimmen für Bonn verkündete Bundestagspräsidentin Rita Süssmuth am 20. Juni 1991 in der entscheidenden Parlamentssitzung. Was aber sollte nun mit dem neuen Parlamentsgebäude geschehen, das wegen seiner transparenten Gestalt als *der* Ausdruck für Demokratie angesehen wurde und auf dessen Vollendung die bundesrepublikanischen Abgeordneten im provisorisch genutzten Wasserwerk warteten? Und was sollte mit Bonn geschehen, das jahrzehntelang auf der Bühne der großen Politik gestanden hatte?

Der „Erleuchtete" zeigt an: Links ist Bonn und rechts Berlin.

Vieles sollte bleiben, wie es war. Einundvierzig Bundesbehörden und sechs Ministerien verblieben mit erstem Dienstsitz in Bonn, darunter „erstrangige" wie das Bundesministerium der Verteidigung. Der Bundespräsident und die Bundeskanzlerin unterhalten mit Villa Hammerschmidt beziehungsweise Palais Schaumburg (Rhein, Bd. 1) weiterhin zweite Dienstsitze in der Stadt. 2008 arbeiteten in Bonn sogar mehr Bundesbeamte und Ministeriumsangestellte als in Berlin. Aus der Bundeshauptstadt wurde die „Bundesstadt Bonn". So lautet der 1994 offiziell verliehene Titel.

UN-Campus

Damit Bonn auch weiterhin ein Parkett der internationalen Politik bleibt, wurde neuer Wein in die historischen Schläuche gegossen. In den Langen Eugen zogen die Vereinten Nationen. Insgesamt leisten heute neunzehn Organisationen, Programme und Büros der UN in einem „Campus der Vereinten Nationen", angesiedelt im Herzgebiet des alten Regierungsviertels, nachhaltige Entwicklungsarbeit. Darunter sind auch Einrichtungen, die sich mit weltweit brennenden Problemen beschäftigen, wie das Internationale Programm zur sozialen Dimension der globalen Umweltveränderung der Universität der Vereinten Nationen (UNU-IHDP).

Mit der Sonne des Planetenlehrpfades kommt ein Stück Himmel auf Bonn.
Bundestagspräsident Eugen Gerstenmaier stand Pate für den „Langen Eugen" (1967–69).

World Conference Center Bonn

In direkter Nachbarschaft zum UN-Campus wurde 2009 noch kräftig am künftigen Bonner World Conference Center gearbeitet. Der neue Plenarsaal des Deutschen Bundestages und das Wasserwerk sind heute Kernstücke eines Kongresszentrums für Tagungen und Konferenzen auch auf höchster politischer Ebene. Ein ganz neuer Erweiterungsbau für Veranstaltungen mit bis zu 5.000 Teilnehmern geriet jedoch im Sommer 2009 wegen Finanzierungsschwierigkeiten ins Stocken. Bonn aber ging die Anstrengungen zur Vollendung dieses wichtigen, den geballten internationalen Diskurs vernetzenden Projektes daraufhin optimistisch an. Statt mithilfe fremder Bauträger wird die Stadt das WCCB möglicherweise in Eigenregie fertigstellen.

Medien

Wie zur Bestätigung, dass jede Form multi- und internationaler Kommunikation heute global agierende Dienstleister benötigt, setzte eines der weltweit größten Logistikunternehmen seine Konzernzentrale spektakulär in die unmittelbare Nachbarschaft von Bonns Bundeszentrum. Nicht nur der Eingriff ins Landschaftsbild, sondern auch die Tatsache, dass der Tower für den gelben Riesen das bisherige Ausrufezeichen der Bonner Silhouette, den „Langen Eugen“, überbieten sollte, sorgte für Diskussionen. Unter dem Architekten Helmut Jahn entstand bis 2002 in einer atemberaubenden Zeit von zwei Jahren der über hundertsechzig Meter hohe Brocken der Briefe schreibenden Nation. Doch was sind Briefe und Pakete gegenüber Mails? Auch der andere, magentafarbene frühere Bundesriese beließ nach der Umwandlung zum privatwirtschaftlichen Unternehmen seinen Hauptsitz in Bonn. Und in Bonns ersten Hochhauskomplex, ins „Bonn-Center“ mit dem automobilen Stern auf

„Mercurius“ – das ist der globale Sendbote der Götter – heißt Prof. Markus Lüpertz' fünf Tonnen schwere Plastik auf dem Platz der Deutschen Post. Die Statue wurde 2007 enthüllt.

dem Dach, zog schon zu Hauptstadtzeiten ein TV-Sender zwecks hautnaher Berichterstattung aus dem Bundeskanzleramt. Allerdings war dies lediglich ein mediales Intermezzo. Das Gebäude wird heute von verschiedenen anderen Firmen und Institutionen genutzt.
Bleibt beim Thema Medien noch eine Bemerkung in Sachen internationales Hören: Sieh, wie das Wasser sich im Bau der Deutschen Welle kräuselt! Der Kantinenbereich des international agierenden Funkwellensenders mit kleiner Wasser-Kunst-Landschaft ist öffentlich zugänglich, und so mancher Tower-Arbeiter wechselt zur Mittagszeit in die Kuben der akustischen Konkurrenz. Wer hätte gedacht, dass dieser einst als neues Abgeordnetenhaus begonnene und dann als Rohling vom Rhein so gemein umspülte Bau mal derart ansprechend unter Wasser stehen würde. Wirklich schön!

Wissenskilometer

Forschen, Erfahren, Wissen schreibt die Bundesstadt ganz groß. An der Uferpromenade konnten Sie schon einigen Stationen des im Jahr 2000 von einer Schulklasse angelegten Planetenlehrpfades begegnen. Mit vergleichsweise dreifacher Lichtgeschwindigkeit können Sie sich dort kilometerlang durch eine maßstabsgetreue Nachbildung unseres Sonnensystems arbeiten. Das Modell der Sonne befindet sich gegenüber dem Langen Eugen.
Parallel dazu liegt die andere kilometerlange Bonner Wissensachse. Deren Pole sind im Norden die Universität und das lustvoll die Welt der diskreten Mathematik inszenierende „Arithmeum“ sowie im Süden das Deutsche Museum für zeitgenössische Forschung und Technik und das in der Neuroforschung tätige Technologiezentrum CAESAR in Hochkreuz.

Blick durch die von Wasser und Stegen durchzogene Architektur des „Schürmannbaus“. Das Gebäude wurde vom Architektenpaar Joachim und Margot Schürmann geplant.

Museumsmeile

Teilstück dieser Achse ist Bonns berühmte Museumsmeile. Wohl wissend, dass umfassendes Wissen ohne künstlerische und kulturelle Bildung nicht zu haben ist, entstand hier in den Jahren 1985–1993 eine Museentrias, die Mensch, Nation und Welt zusammenbringt: Das Kunstmuseum Bonn mit den subjektiven Arbeiten der Rheinischen Expressionisten und der deutschen Nachkriegskunst, die Bundeskunsthalle mit internationalen Ausstellungen über die Menschheitskulturen und schließlich das Haus der Geschichte (Rhein, Bd. 1) mit der Dauerausstellung über Deutschlands Nachkriegszeit bis heute.

Museum Koenig

Das älteste Haus dieser Meile schließt nun manchen Kreis. Der Bonner Privatgelehrte Alexander Koenig, vermögender Spross eines Zuckerindustriellen und aufgewachsen in der Villa Hammerschmidt, begründete 1912 das heutige Zoologische Forschungsinstitut und Museum Alexander Koenig. Dessen Direktor ist seit 1989 in Personalunion mit dem Leiter des Lehrstuhls für Systematische Zoologie der Uni Bonn verbunden. Im Lichthof des Museums wurde 1948 der Parlamentarische Rat eröffnet (Rhein, Bd. 1). Unsere von ihm ausgearbeitete Verfassung geht in manchem viel weiter als das, was sich Ernst Moritz Arndt vorgestellt hatte. Aber in einem Punkt entspricht sie seinen Träumen: Es ist die Verfassung eines freien, souveränen deutschen Staates.

Das Kunstmuseum (oben) von Axel Schultes mit Jürgen Schleuser und die Bundeskunsthalle (Detail des Dachs, unten) von Gustav Peichl stellen auch international beachtete Architekturen dar.

Planetenlehrpfad
Informationen unter
www.bonner-stadtwege.de

UN-Campus
Gemeinsame Informationsstelle der UNO-Organisationen in Bonn (CIS)
UN-Campus Bonn – Langer Eugen
Hermann-Ehlers-Str. 10, 53113 Bonn
Tel. 0228 / 815-27 73, www.unric.org

WCCB World Conference Center Bonn Management GmbH
Platz der Vereinten Nationen 2
53113 Bonn, www.worldccbonn.com

Post-Tower
Deutsche Post AG, Zentrale
Platz der Deutschen Post 1
53113 Bonn, www.dp-dhl.de

Deutsche Welle
Kurt-Schumacher-Str. 3, 53113 Bonn
Tel. 0228 / 429-0, www.dw3d.de

CAESAR – center of advanced european studies and research
Ludwig-Erhard-Allee 2, 53175 Bonn
Tel. 0228 / 96 56-0, www.caesar.de

HEREINGESCHAUT!

Ernst-Moritz-Arndt-Haus
Adenauerallee 79, 53113 Bonn
Tel. 0228 / 77 36 87
www.bonn.de –> Kultur –> Museen von A–Z
Geöffnet nur zu Sonderausstellungen
Mi–Sa 13–17 Uhr, So 11.30–17 Uhr

Arithmeum
Lennéstr. 2, 53113 Bonn
Tel. 0228 / 73 87 90
www.arithmeum.uni-bonn.de
Di–So 11–18 Uhr
Eintritt: € 3,00, erm. € 2,00

August-Macke-Haus
Bornheimer Str. 96, 53119 Bonn
Tel. 0228 / 65 55 31
www.august-macke-haus.de
Di–Fr 14.30–18 Uhr, Sa, So 11–17 Uhr
Eintritt: Erw. € 4,00, erm. € 3,00,
Jugendliche € 3,00, erm. € 2,00

Deutsches Museum Bonn
Ahrstr. 45, 53175 Bonn
Tel. 0228 / 302-255
www.deutsches-museum.de/bonn
Di–So 10–18 Uhr
Eintritt: € 5,00, erm. € 2,50

Von Konrad Adenauers erstem Dienstwagen bis Erich Honeckers Haftbefehl sind im Haus der Geschichte alle Reliquien der alten und der wiedervereinigten Republik zu sehen.

Frauenmuseum
Im Krausfeld 10, 53111 Bonn
Tel. 0228 / 69 13 44
www.frauenmuseum.de
Di–Sa 14–18 Uhr, So 11–18 Uhr
Eintritt: € 4,50, erm. € 3,50

Haus der Geschichte der Bundesrepublik Deutschland
Willy-Brandt-Allee 14, 53113 Bonn
Tel. 0228 / 91 65-0
www.hdg.de
Di–So 9–19 Uhr, Eintritt frei

Karikaturensammlung des Hauses der Geschichte
Willy-Brandt-Allee 9 (gegenüber dem Museum), 53113 Bonn
So, Feiertag 10–17 Uhr, Eintritt frei

Kunst- und Ausstellungshalle der Bundesrepublik Deutschland
Friedrich-Ebert-Allee 4 , 53113 Bonn
Tel. 0228 / 91 71-0
www.kah-bonn.de oder
www.bundeskunsthalle.de
Di, Mi 10–21 Uhr, Do–So, Feiertag 10–19 Uhr
Eintritt: € 8,00, erm. € 5,00

Kunstmuseum Bonn
Friedrich-Ebert-Allee 2, 53113 Bonn
Tel. 0228 / 77 62 18
www.kunstmuseum-bonn.de
Di–So 11–18 Uhr, Mi 11–21 Uhr
Eintritt: € 5,00, erm. € 2,50

LVR-LandesMuseum Bonn
Colmantstr. 14–18 , 53115 Bonn
Tel. 0228 / 20 70-0
www.rlmb.lvr.de
Di, Do–So 10–18 Uhr, Mi 10–21 Uhr
Eintritt: € 7,00, erm. € 5,00,
bis 18 Jahre frei

StadtMuseum Bonn
Franziskanerstr. 9, 53113 Bonn
Tel. 0228 / 77 20 94
www2.bonn.de/stadtmuseum
Do–Sa 13–18 Uhr, So 11.30–17 Uhr, Mo 9.30–14 Uhr, Eintritt € 2,50, erm. € 1,60

Zoologisches Forschungsmuseum Alexander Koenig
Adenauerallee 160, 53113 Bonn
Tel. 0228 / 91 22-211
www.mueum-koenig.de
Di, Do–So, Feiertag 10–18 Uhr, Mi 10–21 Uhr
Eintritt: € 3,00, erm. € 1,50

Der lang gestreckte Bau der Deutschen Welle war ursprünglich als Abgeordnetenhaus geplant. Heute bildet er eine mediale Klammer zwischen UN-Campus und Logistikdienstleister.

62
OPTIK
www.stadtwerke-bonn.de
9466
STADTWERKE BONN
9466

Erlebnisraum Beuel

Beuel, der 1969 aus fünfzehn ehemaligen Dörfern gegründete rechtsrheinische Stadtbezirk, ist gewissermaßen der älteste Teil Bonns: Die 1914 bei Steinbrucharbeiten in Oberkassel entdeckten sterblichen Überreste eines Mannes, einer Frau und eines Hundes stellen bis heute nicht nur den ältesten paläontologischen Nachweis des Zusammenlebens von Mensch und Tier dar. Das vierzehntausend Jahre alte Grab beweist auch die frühe Beliebtheit des Rheinlandes als Wohnort. Bis aus dem Garten Eden des „Adam und Eva von Oberkassel" genannten jungsteinzeitlichen Paares der „Kulturlandschaftsraum Bonn und Vorgebirge" wurde, musste allerdings noch viel Wasser den Rhein herabfließen. Gegenwärtig modernstes Beispiel für die Gestaltung dieses Kulturlandschaftsraumes ist das Projekt Bonner Bogen **(Rhein, Bd. 1)**. Seit einiger Zeit wird auf dem Gelände der ehemaligen Portland-Zementwerke in Oberkassel ein völlig neues Stadtquartier mit Wohnungen und Büros für viertausend Menschen, mit Lifestyle-Hotel, Kindertages-, Sport- und Freizeitstätten realisiert.

Was können Sie hier tun und erleben?

Nirgendwo in Bonn ist in so dichter Folge ein Nebeneinander von Stadt und Land, von planmäßig entwickeltem und historisch gewachsenem Lebensraum, von Kultur und Natur zu finden wie in Beuel. In einer sowohl zu Fuß wie mit dem Fahrrad „begehbaren" Tour können Sie diese Wechsel erleben. Sie bewegen sich von den vom Verkehr durchströmten Klüften der Straßen ins flache Grün der Auen. Sie bewegen sich von der fast überdeutlichen Präsenz des Hier und Jetzt in die Stille des Vergangenen.

Anfahrt:

Beginn der Rundtour ist am Bahnhof Beuel. Sie können ihn mit den Buslinien 529, 537, 538 und 607, mit den Straßenbahnlinien 62 und 65 oder mit der Bahn RE 8 und RB 27 erreichen. Der Bahnhof wirkt ein wenig so, wie er ist: in die Jahre gekommen. Doch die hundertdreißig Jahre alten Bahnsteigüberdachungen stehen unter Denkmalschutz. Und so lohnt die Anreise mit dem Zug, wenn man Bonns rechte Seite erkunden möchte.

Das ist die wichtigste öffentliche Nahverbindung zwischen Beuel und Zentrum. Gleich zwei Linien fahren von der Oberen Wilhelmstraße aus über den Rhein.

A 565
Sieg
N
0
250
m
Geislar
Jüdischer Friedhof
Kläranlage
Vilicher Bach
Schwarz-
rheindorf
Vilich
ehem. Stift Vilich
Bergheimer Str.
Friedhof
straße
Stifts-
ehem. Stift
Schwarzrheindorf
Pastor-Königs-Weg
Dixstr.
Rhein
Drususdenkmal
Vilich-
Rheindorf
Werdstr.
Rheindorfer Str.
B 56
Wolfsburg
Rheinaustr.
Professor-Neu-Allee
Konrad-
Str.
Kaiser-
Kreuzstr.
str.
Com-
bahn-
ehem. Bahnhof Bröltalbahn
Start
Str.
Ob. Wilhelm-
Str.
Bhf.
Bonn-Beuel
Rathaus
Mehlemsches
Haus
Breuer-
Siegfried-Leopold-
Str.
Ev. Kirche
Synagogenplatz
Friedrich-
Kennedybrücke
Kath. Kirche
Goetheallee
Neustr.
Johann-Link-Str.
Herrmannstr.
Rheinaustr.
Bonn
Beuel
B 9

Durch Stadt-Auen-Dorf

Der Weg führt zunächst entlang der Straßenbahngleise durch die ruhige, gemütliche Obere Wilhelmstraße mit ihren kleinen Einzelhandelsläden. Seit über einhundert Jahren zuckeln hier die Straßenbahnen durch. Sie verbinden Beuel mit Bonn-Stadt auf der anderen Seite. Vorsicht, vor allem die Kinder, dass niemand mit dem Fahrrad in die Gleise rutscht!

Dörferstadt

Siebzehn Jahre lang war Beuel eine Stadt. Unter Napoleon wurde aus ehemals dreizehn Dörfern eine Bürgermeisterei gebildet. Zunächst war Vilich deren „Hauptstadt". Bis zum Jahr der offiziellen Stadtgründung 1952 hatte sich aber längst das frühere Fischer- und Schifferdorf Beuel zum Zentrum entwickelt. Stolz zeigte Beuels Wappen dreizehn Sterne für die dreizehn Dörfer. 1969 war es mit der Selbstständigkeit aber schon wieder vorbei. Seit der Eingemeindung ist „Beuel" der Name aller auf der schääl Sick gelegenen Stadtteile Bonns.

Brot und Beten

Die Zuckelbahngleise münden in elegantem Schwung auf den Doktor-Weis-Platz. Ein Eiscafé und ein Brunnen laden an heißen Tagen zur ersten, zugegebenermaßen recht frühen Pause ein. Die nebenan gelegene „Brotfabrik" in der Kreuzstraße bietet eine breite Palette an Theater, Film, Musik und Tanz für alle Altersgruppen. Der Name des Kulturzentrums rührt von der 1903 gegründeten „Germania Brotfabrik" her, die hier ab 1903 eine der ersten Großbäckereien unterhielt. Seit 1985 wird in den Kulturhallen kein Brot mehr gebacken.

Mit dem chinesischen Fahrgast- und Restaurantschiff „Ocean Paradise" können Sie sich am Wochenende auch bei „Ente süß-sauer" von Beuel aus über den Rhein schippern lassen.

Wer die vielfältigen kulturellen Angebote jetzt nicht wahrnehmen möchte, folgt der Siegfried-Leopold-Straße weiter in Richtung Rhein. In Beuel können Sie Zeugnisse aller drei historischen Religionsgemeinschaften und Konfessionen der Region Köln/Bonn antreffen. Bethäuser waren schon immer und überall wichtige Orientierungspunkte in den Siedlungen. Noch heute messen viele die Attraktivität eines Ortes auch an der Schönheit vorhandener Kultushäuser.

Gottes Häuser

An der Ecke Siegfried-Leopold-Straße/Neustraße steht die evangelische Versöhnungskirche. Ein schlichter, weiß geschlämmter Backsteinbau von 1894 im neuromanisch-neugotischen Mischstil. Von der ehemals weiter östlich in Höhe der Friedrich-Friesen-Straße gelegenen Synagoge ist allerdings nichts mehr vorhanden. Das 1903 errichtete jüdische Bethaus – ein neuromanischer Bau mit Kuppel und Türmen – wurde 1938 von Nationalsozialisten zerstört. Beuels Juden wurden verschleppt und ermordet. Eine 1965 von der Stadt Beuel eingerichtete und 1992 erweiterte Gedenkstätte erinnert an diese Menschen. Die katholische Kirche St. Josef – ein neugotisches Bauwerk mit hohem Turm, vollendet 1903 – befindet sich wenige hundert Meter weiter an der Hermannstraße.

Sand, Basalt und Eisen

An der Rheinaustraße gelangen Sie nun an einen zweieinhalb Kilometer langen Weg, der Sie über den Rheindamm und die Rheinaue bis zur Friedrich-Ebert-Brücke und zur Siegaue führt. Sie kommen zunächst an Beuels Barockhaus, der nach dem katastrophalen Rheinhochwasser von 1785 erbauten Villa des Fährmeisters Franz Mehlem, vorbei. Die

^ *Die Josefkirche wurde auf einem „Bühel" (Hügel) gebaut, der Beuel seinen Namen gab. Die große Orgel der Gebrüder Oberlinger aus Windesheim ist ein beliebtes Konzertinstrument.*

Rheinaustraße führt unter der Kennedybrücke hindurch zum „Bahnhöfchen“. Das „Bahnhöfchen“ ist die zur Gaststätte umgebaute ehemalige Endstation der Schmalspur-Bröltalbahn. Im 19. Jahrhundert wurden hier vor allem Eisenerz und Basalt aus dem Raum Sieg-Bröl auf Schiffe verladen. Wer möchte, pausiert ein weiteres Mal. Der aktiven Erholung nach geht's aber am Ufer weiter.

Auenland

Wenn Sie sich nun geradeaus an die unbefestigten Wege halten, so kommen Sie rasch in eine vom Landbau geprägte Auenlandschaft. Eben noch in der Stadt, gelangen Sie durch farbige, mit Disteln und Holunder bewachsene Wiesen zu einer pappelrauschenden Waldung. Rechts grüßt malerisch über Wipfeln der Kirchturm von Schwarzrheindorf. Bald begleiten ein Pflaumenspalier und Streuobstwiesen das Wäldchen. Im Spätsommer kann man das Obst riechen. Auf den Damm geht's erst wieder hinter Wiesen und Pferdekoppeln. Weniger ein ästhetisches, denn ein akustisches Problem ist die nun näher erscheinende Friedrich-Ebert-Brücke.

Totenstatt

Kurz vor der Brücke liegt landseitig des Damms Bonns ältester jüdischer Friedhof. Die Leichname mussten bei Wind und Wetter auf schwankenden Nachen von der anderen Rheinseite hierher überführt werden. Jüdische Gräber dürfen bis zum Jüngsten Tag nicht aufgehoben werden. Es war ein Sakrileg, als im Zweiten Weltkrieg Grabsteine für den Bau eines Geschützunterstandes verwendet wurden. Auch wegen späterer Schändungen ließ die Stadt Bonn 1968 eine Stele zum Gedenken an die Shoah errichten.

Grill und Chill im „Bahnhöfchen“ und an Bonns einzigem Natursandstrand

Falscher Drusus

Sie sind nun schon im Bereich der Siegaue. Eine zusätzliche Option für Radfahrer: Folgen Sie dem befestigten Weg in den großen, sechs Gemeinden umfassenden Landschaftspark Grünes C (siehe S. 93 ff.). Der Rundweg führt in entgegengesetzter Richtung über den asphaltierten Deich zurück.

Ein kurzer Blick auf die Inschrift an der Rückseite des in Höhe der Doppelkirche aufgestellten „Drususdenkmals“: Der Herr auf dem hohen Sockel ist Julius Caesar! Die falsche Annahme, dieser, und nicht der römische Feldherr Drusus, habe hier um 11 v. Chr. eine Brücke über den Rhein bauen lassen und damit für die Ersterwähnung Bonns gesorgt, veranlasste 1898 die Errichtung des Denkmals. 1989, zur Zweitausendjahrfeier Bonns, wurde es vom ursprünglichen Standort am Mehlemschen Haus hierher versetzt.

Stadtdorf

Durch die reizvolle kleine Allee „Pastor-Königs-Weg“ ist die auf einem Sporn gelegene Schwarzrheindorfer Doppelkirche fußläufig zu erreichen. Hinter der vollständig erhaltenen Immunitätsmauer (Klostermauer) des früheren Stifts gelangen Sie wieder ins Wohngebiet. Am Ende der noch dörflichen Dixstraße einmal rechts (mit Erinnerungskreuz von 1860) und einmal links in die Rheindorfer Straße. Den Abzweig An der Wolfsburg wieder rechts (jetzt mit barockem Wegekreuz von 1774 und der straßennamengebenden und als Wohnturm genutzten kleinen Wasserburg der gotischen Herren Wolff von Rheindorf) und noch mal links und geradeaus: Beuel Mitte hat Sie wieder. Wer müden Fußes ist, fährt den Restweg zum Ausgangspunkt mit der Straßenbahn. Wer mehr möchte, wechselt in die Innenstadt und beginnt eine andere Tour.

Pastor-Königs-Weg (links) und die Wolfsburg

Arnold von Wied und Vilichs Adelheid

Graf Arnold von Wied und die heilige Adelheid sind die historischen Schwergewichte des rechtsrheinischen Bonn. Arnold stiftete die wunderbare Doppelkirche St. Maria und Clemens in Schwarzrheindorf. Der zweigeschossige Bau ist eines der bedeutendsten architektonischen Zeugnisse in der Region Köln/Bonn. Am 24. April 1151, einem Tag vor der Wahl Arnolds zum Kölner Erzbischof, wurde sie unter Beteiligung einer beeindruckenden Kirchen- und Politprominenz geweiht. Neben den Bischöfen von Meißen, Lüttich und Freising, König Konrad III. und Dutzenden anderen war auch Propst Gerhard von Are aus Bonn unter den Gästen. Arnold wollte mit der geschickten Wahl des Kirchweihdatums den Konkurrenten aus Bonn sicher auf seine höheren Ansprüche auf den erzbischöflichen Thron hinweisen.

Lange Freude hatte Arnold nicht an seiner Kirche. Fünf Jahre nach der Weihe kam er an den Folgen eines Sturzes, den er bei einem Turnierwettlauf in Xanten erlitten hatte, ums Leben. „Ein erbärmlicher Tod ... unter Hintansetzung des priesterlichen Ernstes“, wie ein Zeitgenosse vermerkte. Einige Jahre nach seinem Tod ließ seine Schwester Hadwig, die als Äbtissin eines Benediktinerinnenkonvents in das Gotteshaus eingezogen war, die Kirche erweitern. Unter Kurfürst Clemens August verschwanden die romanischen Ausmalungen unter einer weißen Putzschicht. Seit deren Wiederentdeckung im 19. Jahrhundert gelten sie als einer der am umfangreichsten erhaltenen Gemäldezyklen des 12. Jahrhunderts.

St. Maria und Clemens wurde gut sichtbar auf einem Sporn oberhalb des ehemals ganz nah gelegenen Rheinufers gebaut.

Sie zeigen in der Unterkirche Begebenheiten des Buches Ezechiel im Vergleich mit sinnverwandten Christusszenen.
Die heilige Adelheid war die erste Äbtissin der von ihren Eltern Megingoz und Gerberga um das Jahr 978 gestifteten geistlichen Gemeinschaft in Vilich. Die Legende weiß zu berichten, dass sie in einer Zeit großer Dürre ihren Äbtissinnenstab in die Erde gestoßen und damit eine Quelle aufgetan habe. Wer einen Seitenabstecher nach Vilich mit seinem in schöner Vollständigkeit erhaltenen historischen Ortskern macht, findet das Grab der Heiligen in der ehemaligen Stiftskirche. Das Quellwunder ereignete sich jedoch in ... Pützchen. An der Stätte von Adelheids wunderbarem und durstlöschendem Zeichen entwickelte sich schon im Mittelalter eine Wallfahrt. In „Pützchens Markt" („Pütz" kommt von lateinisch *puteus*, der Brunnen) lebt sie bis heute als jährlicher, Hunderttausende Menschen anziehender Rummel fort. („Kirmes" wiederum kommt von „Kirchmess", das waren die Jahresfeste einer Kirchweihe.) Schon im 18. Jahrhundert scheint der fromme Aspekt der Wallfahrten dem kommerziellen unterlegen. 1732/33 wird über die „Kirmes am Adelheidis Brünngen" gegenüber der wenige Jahre zuvor errichteten Karmeliter-Klosterkirche berichtet, dass „eine große Menge Volcks erschienen undt zugleich auch einige Wirth und Krämer (sich) mit einfinden thäten". 1821 wurden bereits 860 Buden und siebzig Marketender gezählt.

Der 1367 erstmals erwähnte „Pütz" mit barocker Wallfahrtskapelle und Karmeliterkirche
Landeinwärts lugt der Turm von St. Peter in Vilich über die Siegebene.

HEREINGESCHAUT!
Kulturzentrum Brotfabrik
Traumpalast e. V.
Kreuzstr. 16, 53225 Bonn
Tel. 0228 / 421 31-0
www.traumpalast.brotfabrik-bonn.de und
www.brotfabrik-bonn.de

Heimatmuseum Beuel
Wagnergasse 2–4, 53225 Bonn
Tel. 0228 / 46 30 74
Mi, Sa, So 15–18 Uhr
Eintritt und Führung sind kostenlos, eine Spende ist erwünscht

KULTSTÄTTEN
Jüdischer Friedhof
Gensemer Str., 53225 Bonn
Männliche Besucher werden gebeten, eine Kopfbedeckung zu tragen

St. Adelheid und Adelheidis Pützchen
Karmeliterstr. 6, 53229 Bonn
Tel. 0228 / 48 21 13

St. Josef
An St. Josef 8, 53225 Bonn
Tel. 0228 / 403 67 40

St. Maria und Clemens
Dixstr. 41, 53225 Bonn
Tel. 0228 / 46 16 09

St. Peter
Adelheidisstr. 8, 53225 Bonn
Tel. 0228 / 46 61 08

Versöhnungskirche
Neustr. 2, 53225 Bonn
Tel. 0228 / 46 64 82

AM WEGESRAND
Siegfähre
Fährbetrieb von Ostern bis 3. Okt. 9 Uhr bis Einbruch der Dunkelheit
Fahrpreis: 0,50 €, erm. 0,25 €,
Fahrradmitnahme 0,25 €

EINKEHREN
„Bahnhöfchen"
Rheinaustr. 116, 53225 Bonn
Tel. 0228 / 46 34 36
www.bahnhoefchen.de

„Zur Siegfähre"
Zur Siegfähre
53844 Troisdorf-Bergheim
Tel. 0228 / 47 55 47
www.siegfaehre.de
Apr. – Okt. Mo–Sa 9.30–23.30,
So 9–23.30 Uhr, Nov. – März geschlossen

„Ocean Paradise"
Zhang China Restaurant
Hans-Steger-Ufer 10, 53225 Bonn
www.chinaschiff.de

Auch wenn Pappeln nicht mehr rauschen, wirken sie erhaben. In der Rheinaue lässt man die Natur noch walten.

P
Rathaus
DIE KANZLERIN KOMMT

Erlebnisraum Bad Godesberg

Die schönste Art, um nach Bad Godesberg zu gelangen, ist die per Fähre über den Rhein. Doch auch mit dem Rad entlang der linken Uferpromenade und durch den Rheinauenpark findet man angenehm dorthin. Ausgangspunkt der Erlebnistour ist das Villenviertel an der Naht zwischen Plittersdorf und Rüngsdorf.

Wörtlicher Höhepunkt eines Ausfluges nach Godesberg ist der Aufstieg auf die nur sechzig Meter hohe, aber die Umgebung beherrschende Anhöhe, der schon die Germanen den Namen gaben: *Wuodenesberg*, der „Wotansberg", und später *Godenesberg*. Die Ruine auf dem Godesberg ist die historische Keimzelle des Orts. Der Ausblick vom zweiunddreißig Meter hohen Bergfried zählt zu den schönsten der Region.

Was können Sie hier tun und erleben?

Bad Godesberg bietet neben Burg, lebendigen Einkaufsstraßen, Theatern und einem großen Multiplexkino eine Reihe weiterer Stätten der „kultivierten Anschauung". Das Villenviertel an der Rheinallee, Bonns Botschafterhauptquartier in Bundeshauptstadtzeiten, ist ein gepflegtes Bilderbuch der vornehmen Wohnarchitektur um 1900. Die Redoute nebst spätbarocker Kette aus Hoftheater und Logierhäusern und das erste Villenviertel geben eine intakt scheinende Anmutung aus Godesbergs Zeit als Kur(fürstliches)-Bad. Die Parks laden zum Ausklinken aus dem modernen Stadtgetriebe ein. Mit Kindern wird man wohl vor allem auf die Burgruine steigen. Bei einem Tagesausflug bietet sich ein längerer Aufenthalt im ehemaligen Bundesgartenschaugelände „Rheinauenpark" an.

Anfahrt:

Mit dem Rad: von Bonn-Zentrum entlang dem Rheinufer bis Fährpunkt Bad Godesberg

Mit der U-Bahn: Linien 16, 63 oder 67 bis Bad Godesberg Bahnhof

Mit dem Bus: Linien 610–615, 637, 638, 852, 855–857, N 3 und N 7 bis Bad Godesberg Bahnhof/Rheinallee

Mit der Bahn: RB 30 und 48, RE 5 oder MRB 26 bis Bahnhof Bad Godesberg

Parkmöglichkeiten gibt es außer in den ausgewiesenen Parkhäusern an der Rigal'schen Wiese, Friedrich-Ebert-Straße.

Der mittelalterliche Turm der Godesburg war und bleibt der beste Aus- und Ansichtspunkt Godesbergs. Ob hoch oder runter und egal, von wo Sie kommen: An ihm sieht niemand vorbei.

Rhein
Fähranleger Bad Godesberg-Niederdollendorf
Bad Godesberg
Rüngsdorf
Bonner Straße
Friesdorfer Straße
Rheinallee
Bhf. Bonn–Bad Godesberg
B 9
Moltke-
straße
Alte Bahnhofstr.
Koblenzer
platz
Start
Godesburg
Michaelskapelle
Burg-
friedhof
Godesberg
Auf dem
Winter-
straße
Michael-
platz
Am Michaelshof
Theater-
straße
Kammerspiele
St.-Marien-Kirche
Embavenhof
Im
Äuelchen
Am
Kurpark
Stadt-
park
Löbestraße
Koblenzer Straße
Straße
Kurfürsten-
allee
Redoute
Haus an der Redoute
Redoutenpark
Stadthalle
Kleines Theater
Burg-
N
0
500
m

Zweimal runter und hoch

Die Aussicht vom Turm der auf einem Vulkankegel errichteten und im 16. Jahrhundert ruinierten Godesburg ist so schön, dass ich hier zwei Gänge beginnen möchte. Da nun niemand im Fluge hier raufgelangen kann, werden Sie sich zunächst im Krebsgang über einen der vom Burgberg wie ehemals das Magma gen Rhein abfließenden Wege heraufgearbeitet haben. Diesen Ihren Hinweg können Sie von der Aussichtsplattform herab rekapitulieren und dann den anderen, ihren Rückweg ... vorausschauen. Hier ist die erste Re-Tour:

Godesburg

Zum Burgenbau kann man ausnahmsweise einmal ein recht genaues Datum angeben: Im Jahre 1210 legte der Kölner Erzbischof Dietrich I. von Hengebach den Grundstein. Dietrich hatte mit der Burg die Südgrenze seines Territoriums sichern wollen. Nach ihm nutzten die Kölner Erzbischöfe die Burg als Aufenthaltsort. Das Aus kam im Jahre 1583, als sich Parteigänger und Soldaten des zum Protestantismus übergetretenen Bischofs Gebhard von Truchseß zu Waldburg vor anrückenden katholischen Truppen unter Führung Ferdinands von Bayern auf die Burg zurückgezogen hatten. „Haben schon ettlich tausent Pfund Pulfers darvor verschossen und dannocht nichts ausgericht, also das khain annders und bessers Mittl alls zu unndergraben und zu zersprengen“, schrieb Ferdinand seinem Onkel Ernst, dem seit wenigen Monaten gegen Gebhard amtierenden Kölner Erzbischof. Eine Eintausendfünfhundert-Pfund-Mine zerstörte fast die gesamte Anlage und brachte eine von Ferdinand nicht erwähnte Zahl Menschen, wohl auch viele Godesberger Dörfler, um ihr Leben.

Für manchen gewöhnungsbedürftig – Gottfried Böhms Erweiterungen der Godesburg gehören aber zu den beachtenswerten Zeugnissen der schöpferischen Denkmalpflege.

Genpetersberg

Die Legende sieht in diesem brutalen militärischen Akt die Folge eines Frevels von Burgengründer Dietrich. Der hatte seinerzeit eine dem Erzengel Michael geweihte Friedhofskapelle auf der Kuppe abreißen lassen – seit fränkischer Zeit (8./9. Jahrhundert) wurde auf dem Godesberg bestattet. Michael soll damals über den Rhein zum Petersberg gefloh/gen sein. Auch eine von Dietrich unterhalb der Kuppe neu gebaute Kapelle brachte kein Pardon. Michael, der Toten Engel, blieb geschändet.
Die steilen Holzstiegen und die engen Treppenschächte des Turms herab und sich weiter mit dem Fahrstuhl zum Parkplatz schleusend kommen Sie zur heutigen, über den Grundmauern jenes „Wiedergutmachkirchleins" erbauten Michaelskapelle. Die Weihe unter Kurfürst Joseph Clemens war 1699. Mit den ausladenden Stuckaturen im Innern ist die Michaelskapelle ein einzigartiges Zeugnis des Bonner Hochbarock.

Bad Godesdorf

Weiter die Straße Auf dem Godesberg hinab gleiten Sie auf dem Strom des Asphalts, ab Mündung Winterstraße gemeinsam mit dem Autoverkehr, auf den Turm der hundertfünfzig Jahre alten Marienkirche zu. Sie ist das markante Zeichen der im Laufe des 19. Jahrhunderts aus sieben Dörfern zusammengewachsenen Bürgermeisterei Godesberg. Namengebender Hauptort war ein 1816 gerade mal neunhundert Bewohner zählendes Dorf. Im Straßentriangel Junkerstraße/Im Äuelchen stehen noch wenige Häuser des alten bäuerlichen „Knollenviertels".
Dass aus Godesberg überhaupt ein nennenswerter Ort und zwischen 1935 und 1969 sogar eine eigenständige Stadt wurde, ist der Initiative des letzten Kurfürsten Max Franz von Österreich zu verdanken. Wenige Jahre vor dem Ende des Absolutismus unter den französischen

Im Hochaltar der Michaelskapelle ist eine Grotte mit einem Gipsstier eingearbeitet. Dem Erzengel wurde nach einem Stierwunder in einer Höhle in Apulien ein Heiligtum geweiht.

Revolutionsheeren ließ er um Mineralwasserquellen, die bereits die Römer nutzten, einen luxuriösen Kurort bauen. In die schnurgerade Häuserkette der Kurfürstenallee reihen sich die architektonischen Perlen dieser Standortoptimierung ein: das 1790–92 nach Wiener und Versailler Vorbild gebaute Ball-, Fest- und Spielhaus Redoute, daneben das kurfürstliche Hoftheater und sechs Logierhäuser für die vermögenden Badegäste. Weiter südlich schließen sich Landhäuser aus der ersten Hälfte des 19. Jahrhunderts an, Godesbergs erstes Villenviertel. Der englische Landschaftspark hinter der Redoute ist ein wunderbarer Kontrast zur Strenge dieser Gebäudeflucht. Mit der Hanglage inklusive Blick aufs Siebengebirge ist der Redoutenpark vielleicht die schönste aller Bonner Parkanlagen.

Unterstadt

Nach einer Stippvisite (vielleicht) in den jenseits der Kurfürstenallee gelegenen Stadtgarten stoßen Sie an der Unterführung des Bahndamms wieder auf die Rheinallee. Mäandern Sie ruhig ein wenig durch die angrenzenden Straßen. Bad Godesbergs zweites Villenviertel wurde ab etwa 1880 auf dem offenen Feld angelegt. Innerhalb eines halben Jahrhunderts entstand hier eine Fülle vornehmer bis eleganter Wohnhäuser der verschiedensten historisierenden Stile bis zum Bauhaus der 1920er-Jahre.

Cityberg

Und nun die andere Tour. Die ist kürzer. Sehen Sie wieder das beeindruckende Rundpanorama von der Godesburg aus und dann von oben herab das magmarote Band des „Altstadt-Centers"! Der Name des nach Plänen von Gottfried Böhm erbauten Stadtraumes (der gleiche Architekt

In der von Michael Leydel erbauten Redoute hat der junge Beethoven vor Joseph Haydn musiziert. Hier soll auch Mozarts „Zauberflöte" eine ihrer ersten Aufführungen erlebt haben.

gestaltete auch die Burgruine neu) war irreführend. Ab 1960 fiel nämlich Godesbergs Altstadt fast vollständig einer Flächensanierung zum Opfer. 1970–80 wurde dann Böhms vom Michaelsplatz herabführende Freitreppenanlage mit angrenzender städtischer Wohn- und Geschäftsbebauung gestaltet. Die also neuerdings in „City-Terrassen" umbenannte Anlage mündet in den Michaelshof, in Höhe der Kammerspiele zweigt sie im rechten Winkel auf den Theaterplatz. Der Reiz dieses komplett für Fußgänger und Radfahrer freigehaltenen modernen Stadtraumes erschließt sich an seinem Fuße, wenn man sieht, wie er an der Godesburg als Landmarke ausgerichtet ist.

Um an den Bergesfuß zu gelangen, müssen Sie den Burghof über eine kleine Treppe verlassen. Sie halten sich erst links und dann an einen schmalen Pfad. Die Godesbergberg und Godesbergstadt voneinander schnürende Burgstraße wird über eine den Charme eines Feuerrettungsweges versprühende Brücke und angrenzende Hinterhauswege überwunden, bis man auf Böhms rote Klinkerkaskade gelangt: Spazieren, Bummeln, Kaufen, Kaffeetrinken oder den turnusmäßigen Flohmarkt besuchen! An die City-Terrassen schließen sich die Flanier- und Shoppingmeilen der Zeit um 1900 an: Koblenzer Straße und Alte Bahnhofstraße. Wer Letzterer folgt, trifft hinter der Unterführung des Bahndamms wieder auf die Rheinallee …

Die City-Terrassen von der Godesburg gesehen
Reich mit Giebelvoluten, Fenstergiebeln und Zierbossen stuckierte Villen in der Rheinallee

TOURISMUSINFORMATION
Bad Godesberg Stadtmarketing e. V.
Ria-Maternus-Platz 1
53173 Bonn
Tel. 0228 / 184 26 90
www.badgodesbergstadtmarketing.de
Mo–Do 10–18 Uhr, Fr 10–12 Uhr

Auto-Schnellfähre
Bad Godesberg-Niederdollendorf
www.faehre-godesberg.de
Apr. – Okt. Mo–Sa 6.05–21.45 Uhr,
So, Feiertag 8.05–21.45 Uhr;
Nov. – März Mo–Sa 6.05–20.45 Uhr,
So, Feiertag 8.05–20.45 Uhr
Fahrpreis: € 1,10, erm. € 0,40,
Fahrradmitnahme € 1,40

HEREINGESCHAUT!
Godesburg
Bergfried Di–So 10–19 Uhr

Kammerspiele
Am Michaelshof 9, 53177 Bonn
Tel. 0228 / 77 80 01
Kasse 0228 / 77 80-22 oder -33
www.theater-bonn.de

Kleines Theater Bad Godesberg
Koblenzer Str. 78
53177 Bonn
Tel. 0228 / 36 28 39
www.kleinestheater-badgodesberg.de

EINKEHREN
„Bastei“
Von-Sandt-Ufer 1 / Rheinallee
53173 Bonn
Tel. 0228 / 368 04 33
www.bastei-bonn.de
täglich 11–24 Uhr

„Die Godesburg“
Auf dem Godesberg 5, 53177 Bonn
Tel. 0228 / 31 60 71
Di–So ab 10 Uhr

„Günnewig La Redoute mit dem Gasthaus Redüttchen“
Kurfürstenallee 1, 53177 Bonn
Tel. 0228 / 367 72-0
www.la-redoute-bonn.de
Mo–Sa 17–24 Uhr, So 11–24 Uhr

„Zur Lindenwirtin Aennchen“
Aennchenplatz 2, 53173 Bonn
Tel. 0228 / 31 20 51
www.aennchen.de
Mo–Mi 12–15 Uhr, Mo–Sa 18–24 Uhr
Das Traditionslokal Bad Godesbergs. Die Inhaberin Aennchen Schumacher führte bis zu ihrem Tode 1935 die vor allem unter Studenten sehr beliebte Gaststätte

Im Spiegel der „Bastei“ besehen – der Ausklang einer Godesburg-Bergtour kann an der Schiffsanlege am Rhein und bei Bedarf inklusive einer kleinen Mahlzeit geschehen.

Erlebnisraum Kottenforst

Viertausend Hektar Wald – Vorposten sind der Venusberg (von *Venne* = Moor) und der Godesberger Stadtwald – eingerahmt von Drachenfelser Ländchen, Meckenheimer Börde und Vorgebirge – sechzig Prozent Laubwald, mit steigender Tendenz – rund fünfzig verschiedene Baumarten – samt Umland 1958 zum Naturpark erklärt und 2005 mit der Ville-Seen-Landschaft zum „Naturpark Rheinland" zusammengefasst – große Teile stehen unter strengem Naturschutz – zwei sogenannte Naturwaldzellen entwickeln sich zum Urwald zurück – die Flora kennt einige Orchideenarten, die Standorte werden nicht bekannt gegeben – die Fauna kennt außer Wild: Springfrosch, Kammmolch, Pirol, Hirschkäfer, Eisvogel, Nachtigall, Grau-, Mittel- und Schwarzspecht, Wespenbussard, Milan, Schwarzstorch ...

... die Athener Eule würde angesiedelt, wollte man angesichts der vielen Natur-, Wander- und Radführer zum Kottenforst etwas Neues verfassen. Hier sei ein Aspekt gewählt: der Kottenforst als nachhaltig gepflegte Kulturlandschaft des Barock. Als solche hat er überlebt. Heute wird dieses große Stück Kulturnatur täglich von vielen Naherholungs- und Bewegungsbegeisterten genutzt. Nur mit ständiger Weiterentwicklung eines Begriffes von nachhaltiger Pflege wird er für Sie und sich selbst bewahrt.

Was können Sie hier tun und erleben?

Die leichte Radtour führt außer im Bereich des Wildgeheges ausnahmslos über asphaltierte Wege. Sie ist auch für Kinder geeignet, vor allem hin: Richtung Bahnhof Kottenforst geht es permanent leicht bergab. Dort kann die Tour enden. Her steigt der Weg entsprechend an, er führt aber auch zu neuen Zielen: zu den Koppeln und Weiden des Annaberger Hofes nebst Obstbaumallee oder zu den gruseligen Kopfbuchen. Die befestigten Wege sind auch für Inlineskater attraktiv.

Anfahrt:

Mit dem Auto: ab Parkplatz Waldau, Bonn-Ippendorf.
Mit dem Bus: Linie 602 ab Haltestelle „Waldau".
Wer ab Bahnhof Kottenforst mit dem ÖPNV fahren möchte, beachte: Die RB 23 Richtung Bonn oder Bad Münstereifel hält dort nur am Wochenende und an Feiertagen!

So ist's im ganzen Kottenforst: Die wulstigen Kopfbuchen stellen unsere Begriffe von Kultur und Natur auf den Kopf.

Brüser Berg
Ippendorf
Friesdorf
B 9
Start
Wild-
gehege
P
Haus der Natur
Witterschlick
Ückesdorf
Bad Godesberg
Waldau
Kinderheim
Katzenlochbach
Heidgen
Annaberger Hof
Kreuzberger Allee
Rotes Kreuz
Schweinheim
Volmers-
hoven
A 565
Röttgen
Schmale Allee
Kurfürsten-
weiher
Flerzheimer Allee
Eiches-Maar-Allee
Hirschweiher
Gudenauer Weg
Wanderweg der
Deutschen Einheit
Venner Allee
Königsmaar
Wattendorfer Allee
Dickbaumskreuz
Meckenheimer Allee
Kottenforst
Bhf. Kottenforst
Rehsprungmaar
Villiper Allee
Zavelbergkreuz
Professorenweg
Huppenberg
Godesberger Bach
N
Jägerhäuschen
Starke Fichte
Kaisereiche
Steinbüchel
Pech
0
500
m

Ein Halali der Natur

Am 24. Oktober 1734 schrieb Kurfürst Clemens August an seinen Bruder Karl von Bayern: „Gestern hat der Hirsch, welicher ein Fierzehenter war 4 Stund gedauert bis wir ihn gefangen." Schon am frühen Morgen hatten Bracken die Stellung des gewaltigen Tiers im dichten Kottenforst aufgespürt. Die zu äußerster Disziplin erzogenen Hunde hatten ihn dann langsam in Richtung einer schmalen und mit engem Baumspalier umstandenen Schneise getrieben. Laute Hornsignale übermittelten die Stelle, wo der Hirsch in die schnurgerade Flucht brechen würde. Dort hatte Clemens August bereits mit einer Equipage von Pikeuren und schaulustigen Adelsfreunden auf ihn gewartet und jetzt sprengte er dem von der losgelassenen Meute gehetzten Tier in wildem Galopp hinterher. Der Hirsch suchte sein Heil nach vorn. Der Weg zurück in den Wald schien ihm wegen der dichten Baumreihen unmöglich. Sobald die Hunde den König des Waldes bis zum Zusammenbruch gehetzt hatten, sprang einer der Pikeure vom Pferd und schnitt ihm die Hinterläufe durch. Dem Kurfürsten gebührte der Blattstich oder der erlösende Hieb durchs Nackenmark des bewegungsunfähigen Wilds. Läufer und Geweihe gingen an ihn, den Jäger. Die gierig ausdauernden Hunde bekamen die Eingeweide oder auch das ganze Tier zum Fraß.

Jagdwald

Kurfürst Clemens August war ein leidenschaftlicher Jäger. Die von ihm im Kottenforst aus sportlichem Ehrgeiz betriebene Parforcejagd (von französisch *par force*, mit Gewalt) auf Hirsche oder Sauen war gefährlich und wurde nur von wenigen gewieften Jägern wirklich beherrscht. Bei

Zwischenstopp am Dickbaumskreuz von 1750. Diese Kreuze wurden – mit dem Wappen Kurfürst Clemens Augusts am Sockel versehen – als Wegemarken aufgestellt.

aller Kritik an der Jagd muss man sagen, dass ohne sie der Kottenforst mit Sicherheit heute nicht mehr existierte. Nur als ein riesiges der Jagd dienendes Wildgehege konnte dieses unberührt scheinende Stück Natur bis in unsre Zeit überdauern.
Seit dem 10. Jahrhundert besaßen die Kölner Erzbischöfe das Jagdrecht in den mit mächtigen Eichen, Buchen und Linden bestandenen Waldungen. Nachdem unter Anno II. der Wald zwischenzeitlich an die Abtei Siegburg gegangen war, kauften ihn die Erzbischöfe 1549 zurück. Ab 1727 wurde der Kottenforst unter Kurfürst Clemens August das erste Mal systematisch vermessen und die noch heute als Hauptwege erhaltenen, strahlenförmig verlaufenden Jagdschneisen angelegt. Schloss Herzogsfreude in Röttgen war der Brennpunkt dieses Wegenetzes und der Parforcejagd. Der anderen favorisierten Jagdmethode, der Beizjagd (Flugkampf Falke gegen Reiher), widmete sich Clemens August von den Schlössern Augustusburg und Falkenlust **(Entlang der Erft, Bd. 5)** aus. Während es diese zum Weltkulturerbe zählenden Bauten noch gibt, steht vom ehemals größten Jagdschloss Nordrhein-Westfalens in Röttgen nichts mehr. Sehr bald nach dem Tode Clemens Augusts hatte es sein Nachfolger Max Friedrich, der mit Clemens' gewaltigem Schuldenerbe befasst war, verfallen lassen. Nach 1810 wurde das Schloss dann gegen Entgelt bis auf den letzten Stein abgerissen.

Wirtschaftswald

Auch heute noch werden Jagd und Forstwirtschaft im Kottenforst betrieben. Im Mittelalter gab es für die Bewohner der umliegenden Dörfer Nutzungsrechte. In begrenztem Umfange durften sie Totholz oder Reiser zum Brennen entnehmen oder unter immer strengeren Reglements Schweine und Weidevieh zur Eichelmast in den Wald treiben.

Grenzsteine wie der von 1734 nächst dem Hirschweiher (rechtes Bild) zeugen noch von der ersten Vermessung des Kottenforstes unter Kurfürst Clemens August.

Der Raubbau an den Wäldern ganz Europas hatte aber im 18. Jahrhundert zur ersten großen Energiekrise der Neuzeit geführt. Die Wälder waren so umfassend gerodet, zu Äckern und Buschland gewandelt und verfeuert worden, dass der Bedarf an Holz kaum noch zu decken war. Damals begann die Zeit der neuen Energie – die Kohle!
Mit der Einrichtung des Kottenforstes für die Jagd gingen by the way erste naturerhaltende Maßnahmen einher, ansatzweise auch im Sinne heutiger Nachhaltigkeit. So wurde die Neupflanzung von jungen Bäumen, vor allem der im Kottenforst seit dreitausend Jahren natürlich beheimateten Arten, per Erlass geregelt. Auf künstlich erhöhten, vor Staunässe schützenden sogenannten Waldkämpen ließ man Stahlen (Schößlinge) pflanzen.
Auch viele der Tümpel und Weiher im Kottenforst entstanden erst durch die Kultivierung des Waldes für die Parforcejagd. Für die Trockenhaltung der Schneisen wurden Drainagegräben angelegt. Deren Wasser sammelte sich in Senken, da es wegen des stark lösshaltigen Plateaus unter dem Waldboden nicht abfließen konnte.

Geisterwald

Wer die wie die sprechenden Bäume aus dem „Herrn der Ringe" geisternden Kopfbuchen in der Nähe des Annaberger Hofes zum ersten Mal sieht, wird meinen, dies seien wohl dem Schrecken der Menschen dienende Launen der Natur. Gefehlt! Auch die Kopfbuchen sind das Ergebnis jahrhundertealter nachhaltiger Waldwirtschaft. Den jungen Bäumen wurden in etwa zwei Meter Höhe die Kronen gekappt. In dieser Höhe waren die neu austreibenden Zweige vor dem Hunger weidender Tiere geschützt. Die neuen Triebe konnten dann in Jahresrhythmen geschnitten und als Flechtwerk für den Fachwerkbau oder als Brennholz

Das Jägerhäuschen ist ein Relikt der barocken Jagd im Kottenforst. Die preußische Reviermarke, Prinz Wilhelms Kaisereiche, steht schräg gegenüber.

verwendet werden. Nachdem sie nicht mehr geerntet wurden, wuchsen sie zu den beeindruckenden Zauselkronen und Knollen aus.

Waldau

„Wenn Fliegen hinter Fliegen fliegen, fliegen Fliegen Fliegen nach." Von vergleichbarem Doppel- und Dreifachgemoppel ist der Name „Kottenforst". Er kommt von keltisch *coat*, der Wald. Der Kottenforst ist also ein „Waldwald". Das „Haus der Natur" an der Waldwald-Waldau informiert große wie kleine Besucher anschaulich über die Entwicklung, die Baum- und Tierarten sowie die Waldfunktionen des Kottenforstes. An einer Streichelwand können die Kleinen auch mal das tun, was im Wald nicht geht: die (ausgestopften) Tiere anfassen. Mit jüngeren Kindern endet der Ausflug vielleicht schon beim nächstgelegenen Spielplatz und am Wildgehege. Doch ein Hinweis für Familien mit stützradlosversierten Kindern: Am Ende des Touren-Hin zum Bahnhof Kottenforst warten wieder ein Spielplatz und ein Ausflugslokal.

Waldesjagd und Waldesruh

Wo heute der Asphalt die Bahn flach und frei hält, sorgte zu Parforcejagdzeiten auf die Schneisen getriebenes Vieh für den golfrasenhohen Schnitt der Parcours. Und – hui! – geht der Ritt auf drahtigen Eseln oder Inlinern schnurgerade und kreuz- und reihenweise über Kreuzberger, Venner, Villiper Allee und Professorenweg. Doch nicht einfach überfliegen! Wer nicht hin und wieder anhält, sieht nichts! Das Rote Kreuz an der Kreuzberger Allee ist eine Nachbildung des Originals aus dem 18. Jahrhundert. Dieses wurde leider mutwillig zerstört. Beim Hirschweiher an der Venner Allee sind noch zwei der unter Clemens August gesetzten Grenzsteine seines Reviers zu sehen. Das um 1730 ge-

Einhundertzehn Hektar Grünlandfläche gehören zum Annaberger Hof. Im 19. Jahrhundert war er ein Versuchsbetrieb der Uni Bonn.

baute Jägerhäuschen an zentraler Stelle war als Pferdewechselstation für die bei der Jagd erschöpften Tiere gedacht. Am Rehsprungmaar erklingt vielleicht ein Froschkonzert, das aber ebenso schnell wieder abklingt, wenn Sie näher kommen. Und schon ist der Bahnhof Kottenforst erreicht. Die einzigen Makel dieses Ritts durch die von Menschenhand berührte Natur bestehen in den kreuzenden Autotrassen der Meckenheimer Allee und der A 565. Die eine muss man über- und die andere unterqueren.

Waldrast

Eisenbahnfreunde erkennen den Bahnhof Kottenforst vielleicht wieder, auch wenn sie noch nie hier gewesen sind. Diesen Bahnhof gibt es nämlich auch im HO-Format für die heimische Miniaturbahn. Das Original wurde bis 1880 für das preußische Kaiserhaus als abgelegene Privatstation an der im gleichen Jahr eröffneten „Eifel-Secundairbahn" von Bonn nach Euskirchen gebaut. Die Initiative dazu gab Kronprinz Wilhelm II. Der Urenkel des Gründers der Bonner Universität hatte vier Semester lang an der Rheinischen Friedrich-Wilhelms-Universität studiert. Der Kottenforst war damals im Besitz des kaiserlichen Hauses und Wilhelm II. ging in ihm schon zu Studentenzeiten seiner Jagdleidenschaft nach. Sichtbarstes Zeugnis dafür ist im Wald die von ihm 1879 „allerhöchst eigenhändig" gepflanzte Eiche (die „Kaisereiche") gegenüber dem Jägerhäuschen. Auch das Bahnhofsgebäude zeugt von der Passion des Kronprinzen und späteren letzten deutschen Kaisers. Es wurde als Ausgangspunkt für die kaiserlichen Jagden genutzt. Sozusagen waidmannsgerecht ließ Wilhelm die Station nicht in sonst üblicher Steinbauweise errichten, sondern in zimmergerechtem Fachwerk. Heute wird das denkmalgeschützte Gebäude vor allem als Raststation genutzt.

Mit gutbürgerlichen Speisen, Biergarten und Spielplatz präsentiert sich der „Bahnhof Kottenforst" als zünftiges Ausflugslokal.

Der Eiserne Mann

Im Nordausläufer des Kottenforstes befindet sich ein magnetischer Punkt fürs Geraune und Gewisper seltsamer Erzählungen: ein eiserner, kantiger Pfahl, 1,20 Meter aus der Erde bei Swisttal-Buschhoven ragend, angeblich siebenundzwanzig Meter tief im Boden sitzend, nicht rostend. Nach Erich von Däniken stammt er wie ein Gegenstück in der Nähe von Delhi in Indien aus dem Weltraum. Eine Geschichte à la Freuds Freuden ist die, dass der Pfahl, von nicht mehr ganz so jungen ledigen Mädchen mitternachts umkreist und geküsst, einen guten Ehemann zu versprechen da sei. Der Wahrheit am nächsten kam wohl der kurfürstliche Hofgerichtsschreiber Johann Philipp Vogel, der meinte, der „Eiserne Mann" sei ein Grenzgott, ein magisches Zeichen, das die Territorien schütze.

Tatsächlich reicht der metallene Pfahl nur einen Meter in die Tiefe. Er besteht aus einer Legierung aus Eisen, Silizium, Kohlenstoff, Mangan, Phosphor und Schwefel. Das entspricht der Zusammensetzung von Roheisen in Mittelalter und früher Neuzeit. Der Eiserne Mann war wohl ursprünglich ein „Grenzstein", der die Besitzungen der Herren von Heimerzheim und Alfter voneinander schied. Damit wäre er allerdings eine Landmarke aus einem recht ungewöhnlichen Material. Solche großen Metallrohlinge besaßen vor der industriellen Erzverhüttung des 19. Jahrhunderts einen hohen Wert. Vermutlich wurde der Eiserne Mann 1727 bei der Vermessung des Kottenforstes für die Parforcejagd hierher versetzt.

Der Eiserne Mann steht genau in der Verlängerung der Mittelachse des Brühler Schlossparks. Möglicherweise diente er als Ausgangspunkt für die gesamte Vermessung von 1727.

TOURISMUSINFORMATION

Zweckverband Naturpark Rheinland
Willy-Brandt-Platz 1, 50126 Bergheim
Tel. 02271 / 83 42 12
www.naturpark-rheinland.de

HEREINGESCHAUT!

Haus der Natur – Waldinformationszentrum
An der Waldau 50, 53127 Bonn
Tel. 0228 / 28 51 07
www.bonn.de –> Suche: „Haus der Natur"
1. Apr. – 31. Okt. Di–Fr 10–18 Uhr, Sa, So 11–18 Uhr; 1. Nov. – 31. März Di–Fr 13–17 Uhr, Sa, So 11–17 Uhr
Der Eintritt ins Haus der Natur ist kostenlos. Führungen im Haus werden zusätzlich zu den Öffnungszeiten nach telefonischer Terminabsprache auch am Vormittag angeboten. Waldführungen zu unterschiedlichen Themen wie Wald und Forstwirtschaft, Tiere und Jagd, Waldgeschichte und zu anderen individuell abzusprechenden Themen werden zu fast allen Zeiten (auch nachts) und bei fast jedem Wetter unternommen
Termin- und Themenabsprache unter
Tel. 0228 / 919 21-0 oder -51.
Neben dem Haus der Natur befindet sich der Bauerngarten, in dem Blumen, Gemüse- und Gewürzpflanzen nach alter bäuerlicher Tradition angepflanzt und gezeigt werden. Rund um das Haus führt ein etwa 1,2 Kilometer langer Waldlehrpfad. Auf zwanzig Tafeln wird ein Teil der hier typischen Bäume und Sträucher erläutert. Spielplatz und Wildgehege sind ebenfalls in unmittelbarer Nähe. Das Haus der Natur gehört dem Zweckverband Naturpark Rheinland an

EINKEHREN

Waldgaststätte „Waldau"
An der Waldau 50
53127 Bonn
Tel. 0228 / 28 18 84 und
0228 / 28 10 35
www.waldau.de
Di–Sa 10–22 Uhr, So 10–18 Uhr
Das Haus verfügt über eine eigene Konditorei. Das Waldgasthaus „Kleine Waldau" kann für Festivitäten angemietet werden

Waldgaststätte „Bahnhof Kottenforst"
Kottenforster Str. 8
53340 Meckenheim-Lüftelberg
Tel. 02225 / 73 22
Gastwirtschaft und Biergarten sind geöffnet Mi–Mo 10–22 Uhr. Neben dem Biergarten befindet sich ein Spielplatz

Als eine „Anleitung zur Benutzung des Kottenforstes" versteht sich das „Haus der Natur". Der Bauerngarten ist ein Lehrstück in Sachen kultivierter Natur.

Erlebnisraum Drachenfelser Ländchen und Voreifel

Bonns südliches Umland ist so unterschiedlich naturräumlich geprägt, dass es nicht gelingt, *einen* Namen für die Landschaft zu entwickeln. Bald vor Bonn tritt der Rhein zwischen den Vulkankegeln des Siebengebirges und des auf der westlichen Rheinseite gelegenen Drachenfelser Ländchens in die Region ein. Dies ist die „Mittelrheinische Pforte". Sie besitzt eine feurige Vergangenheit, denn sie verdankt ihre Entstehung tertiären Vulkanen, die am Südrand der Kölner Bucht vor achtzehn bis fünfundzwanzig Millionen Jahren Magma spuckten. Der westliche Pylon der Mittelrheinischen Pforte, das Drachenfelser Ländchen, trifft südwestlich von Bonn mit den hohen Südausläufern von Ville, Kottenforst und den welligen Ebenen der Zülpicher Börde zusammen. Die landschaftliche Prägung der Voreifel setzt sich in einem Ring um Bonn bis ins Vorgebirge fort. Charakteristisch sind die kleinen Dörfer mit benachbarten Obstwiesen und Wasserburgen inmitten fruchtbarer Äcker.

Was können Sie hier tun und erleben?

Es empfiehlt sich, das Drachenfelser Ländchen und die Voreifel mit dem Fahrrad aufzusuchen. Die Wasserburgen sind in der Regel nicht für Besucher zugänglich und so wird man dort keine längeren Aufenthalte haben. Die schweißtreibende Erkundung per pedales hat aber den Vorteil, dass man gut weiterkommt und damit viele der kulturräumlichen Reize erfährt. Das besondere Augenmerk der Tour liegt auf dem sensiblen, permanent zum Ausgleich zu bringenden Verhältnis von Natur- und Kulturlandschaft.

Anfahrt:

Mit der RE 5, MRB 26, RB 30 oder 48 bis zum Startpunkt am Bahnhof Mehlem. Am Ziel in Rheinbach können Sie mit der RB 23 wieder zurück Richtung Bonn fahren.
In umgekehrter Richtung führt die Radstrecke tendenziell bergab! Die Tour schließt teilweise an die ausgeschilderte „Wasserburgenroute" an, die im Großraum Köln/Bonn/Aachen über 365 Kilometern mit mehr als 130 Burgen und Schlössern bekannt macht.

< *Viele Wasserschlösser entwickelten sich aus hochmittelalterlichen Hügelburgen. Burg Odenhausen steht daher auf einer Anhöhe und nicht in einer natürlich gewässerten Niederung.*

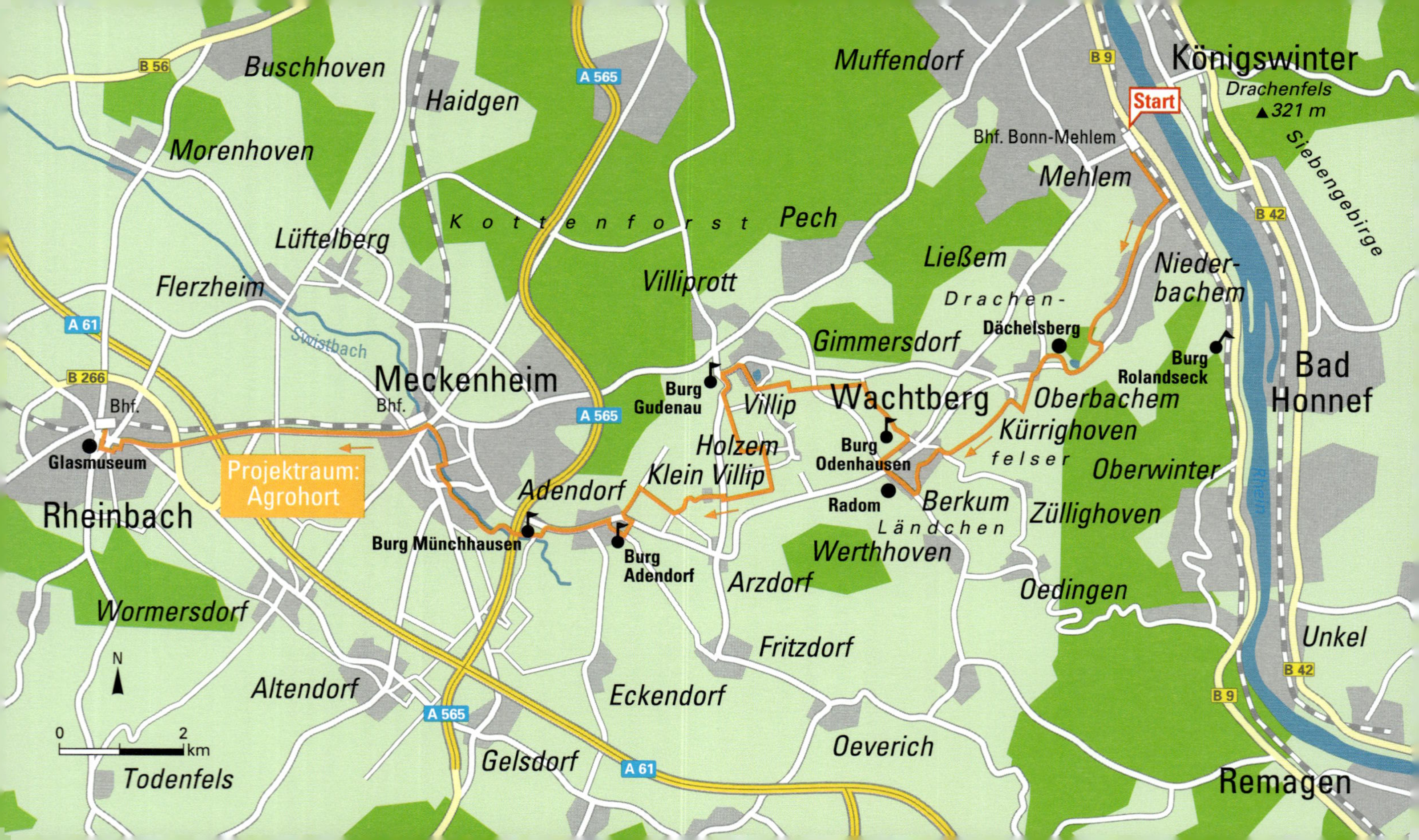
Königswinter
Drachenfels
321 m
Siebengebirge
Start
Bhf. Bonn-Mehlem
Mehlem
Muffendorf
Buschhoven
Haidgen
Morenhoven
Kottenforst
Pech
Lüftelberg
Flerzheim
Villiprott
Ließem
Nieder-
bachem
Drachen-
Dächelsberg
Gimmersdorf
Burg
Rolandseck
Bad
Honnef
Swistbach
Meckenheim
Bhf.
Burg
Gudenau
Villip
Wachtberg
Oberbachem
Kürrighoven
felser
Oberwinter
Holzem
Burg
Odenhausen
Klein Villip
Radom
Berkum
Züllighoven
Ländchen
Werthhoven
Adendorf
Burg Münchhausen
Burg
Adendorf
Arzdorf
Oedingen
Rhein
Unkel
Fritzdorf
Eckendorf
Oeverich
Remagen
Altendorf
Gelsdorf
Todenfels
Wormersdorf
Rheinbach
Glasmuseum
Bhf.
Projektraum:
Agrohort
B 56
B 266
A 61
A 565
B 9
B 42
N
0
2
km

Vom Burgenland zur Apfelblüte

Feuer, Erde, Luft und Wasser! Auf der Fahrt vom hügeligen Drachenfelser Ländchen bis zur Hochebene der Meckenheimer Börde begegnen Sie den vier Elementen und dem, was der Mensch seit zweitausend Jahren aus ihnen und mit ihnen in der Region so macht.

Dächelsberg

Die Wahrheit des Spruchs „Im Anfang war das Feuer" gibt sich vier Kilometer nach Start kurz vor Oberbachem zu erkennen. Was heute das Naturschutzgebiet Dächelsberg ist, war bis 1955 ein Basaltsteinbruch. Die bei einem Magmaausbruch rosenförmig ausgeblühten Basaltsäulen sind an der Bruchwand des Dächelsbergs gut zu erkennen. Der Dächelsberg ist nächst dem benachbarten Naturschutzgebiet Rodderberg – einziger als Kraterlandschaft erhaltener Vulkankegel in Siebengebirge und Drachenfelser Ländchen – das anschaulichste Überbleibsel vom Vulkanismus in der Region.
Schon die Römer nutzten den Basalt. Im Mittelalter diente das harte und kaum zu bearbeitende Gestein für die Fundamente von Großbauten wie dem Bonner Münster oder Kölner Dom.

Lehrwanderpfad Obstbau

Nicht nur die Natur-, auch die Kulturlandschaft des Ländchens ist von dem geprägt, was aus der Erde kommt. Hier und in der Voreifel ist Bonns Obstgarten. Der lösshaltige Boden gibt viel Nahrung. Auf einem alten Bauernweg zwischen Berkum und Kürrighoven wurde 2008 der Lehrwanderpfad „Obstbau im Drachenfelser Ländchen" eröffnet. Der Rundweg informiert die Menschen der Region in sechzehn Stationen darüber,

Nicht mehr beflügelt, aber immer noch stattlich thront die Windmühle auf einer Anhöhe über Burg Gudenau und der Ortschaft Villip.

„wo all die Sachen herkommen, die sie tagtäglich essen, und wie sie produziert werden" – so einer der Initiatoren des Lehrpfades, der Obstlandwirt Stefan Schneider. Im Obsthof Schneider wird ein agrarischer Landbau betrieben, der einen Ausgleich zwischen traditionellen und umweltverträglicheren neuen Anbaumethoden sucht.

Radom

Das Objekt mit der größten Fernwirkung in der Region ist die Großradaranlage Radom (von *Radar Dome*, Radarkuppel) in Wachtberg. Eine pillenförmige Hülle aus nicht reflektierendem Kunststoff schützt einen Parabolspiegel von vierunddreißig Metern Durchmesser. Mit ihm schauen Mitarbeiter des Fraunhofer-Instituts für Hochfrequenzphysik und Radartechnik FHR in die Luft. Genauer gesagt: bis in den erdnahen Weltraum. Die Anlage dient zudem militärischen Zwecken. Das gibt schon die hohe stacheldrahtbewehrte Umzäunung zu erkennen. In ausschließlich ziviler Absicht sind die Apfelbaumkolonnen einer benachbarten Plantage bis auf wenige Meter an sie vorgerückt.

Burg Odenhausen

In der am nördlichen Ortsausgang von Wachtberg gelegenen Burg Odenhausen schützt man sich durch einen Wassergraben. Ursprünglich gab es an der Stelle der Burg eine sogenannte Motte, das ist eine Erdhügelburg mit Turm. Von hier aus warfen die Ritter von Odenhausen wachsame Blicke durch die Luft des Drachenfelser Ländchens. Die heutige, bestens restaurierte Renaissanceanlage stammt aus dem 16. Jahrhundert. Hier sind es Erdbeerfelder, welche die Festung belagern.
Burg Odenhausen ist eine von mehreren privat bewohnten Wasserburgen im Erlebnisraum Voreifel. Sie alle sind bestenfalls bis zu den Vor-

Die Kugel der Erkenntnis beim Apfelparadies: Das Radom wurde 1966–70 gebaut. Die „Pille" ist selbst im Umkreis von fünfzig Kilometern zu erspähen.

burgen zugänglich. Im Sinne der Bewohner ist das zu respektieren. Andererseits vermitteln diese Häuser so aber auch noch etwas vom verschlossenen, exklusiven Leben der Besitzer in Adelszeiten.

Burg Gudenau

Bereits dreieinhalb Kilometer weiter gelangt man zur nächsten, der bedeutendsten und größten Burg des Drachenfelser Ländchens. Bevor Sie zu der sattgelb gestrichenen Kostbarkeit kommen, gelingt vielleicht noch ein Blick in die katholische Kirche St. Simon und Judas Thaddäus in Villip mit ihrer schönen Barockausstattung.

Burg Gudenau war das administrative Herz im Drachenfelser Ländchen. Der gewaltige wasserumwehrte Komplex entstand ab dem 13. Jahrhundert in der „Guten Aue" – daher der Name „Gudenau". Über ein halbes Jahrtausend wurde sukzessive ausgebaut. 1402 verkaufte die Witwe Elisabeth von Gudenau die Burg an ihre Schwiegerfamilie, die Burggrafen von Drachenfels. Das war die Geburtsstunde des „Drachenfelser Ländchens".

Adendorf

Eine Verbindung von Erde und Feuer stellen Adendorfs Töpfer her. 1743 ließen sich Keramiker aus dem Westerwald hier nieder und machten den Ort zum rheinischen Töpferzentrum unserer Tage. Vor einigen Jahren haben die Töpfer der Dorfgemeinschaft einen historischen Langofen nachgebaut. Bei den jährlichen Töpfertagen wird er zum Schaubrennen in Gang gesetzt. Die ungeheure Menge Holz, die der historische Brennvorgang benötigt, führte einst zur ungewöhnlichen Breite der Adendorfer Landstraße. Bis Mitte des 20. Jahrhunderts trockneten dort mehrere Meter hoch gelagerte Stapel Brennmaterial.

Burg Gudenau ist bis hinter die äußere Vorburg zugänglich. Dort erschließt sich ein Wohntraum mit Torturm von 1708, innerer Vorburg und häufig erweitertem und erneuertem Herrenhaus.

Burg Münchhausen
Auch Adendorf hat seine Wasserburg, eine Renaissanceanlage der Zeit um 1660. Hier kommen Sie nur bis zum Wassergraben. Doch keine zwei Kilometer weiter wartet eine deutlich kleinere, doch immerhin zugängliche Festung. Burg Münchhausen ist eine der ältesten unter ihresgleichen in der Region. Eine fränkische Motte ist schon für das 9. Jahrhundert überliefert. Der Turm stammt aus dem 12. Jahrhundert. Heute sind hier ein Reitstall und ein Restaurant. Sie haben die Pause verdient!

Agrohort
Entlang des Swistbaches gelangen Sie anschließend nach Meckenheim. In der Apfel- und Rosenstadt hat man die Drachenfelser Hügellandschaft längst verlassen. Die nun weite, offene Bördelandschaft bis Rheinbach ist von Baumschulen, Rosenfeldern und Obstplantagen geprägt. Über die mit einem guten Radweg bestückte Rheinbacher Landstraße kommen Sie zum Campus Klein-Altendorf mit der Forschungsanlage Agrohort (siehe S. 82 f.). Dort erforscht die Universität Bonn Anbaumethoden für Landwirtschaft und Gartenbau der Zukunft.

Rheinbach
Burgenliebhaber werden auf dieser Tour in Rheinbach ein letztes Mal fündig. Der erhaltene Bergfried ist mehr als achthundert Jahre alt. Im Naturparkzentrum Himmeroder Hof können Kinder wie Erwachsene in Kreativkursen den Naturpark Rheinland erkunden. Bekannteste Einrichtung der Stadt ist das Glasmuseum. In Rheinbach waren es heimatvertriebene Glasveredler aus Böhmen, die nach 1945 hierherkamen und Feuer und Erde verbanden, genauer gesagt: Feuer und Sand. Glas wird aus dem Brand von Pottasche und Quarzsand hergestellt.

Burg Münchhausen hat nichts mit dem Braunschweigischen Lügenbaron zu tun. Der Besitz wurde 893 als „Munichhusen“ den Mönchen des Reichsklosters Prüm in der Eifel zugeschrieben.

Lüfthildis' Garten

Wer war Lüfthildis? War sie die „Kämpferin des Volkes“ oder eine „leuchtende Kämpferin“? Der Name der Heiligen aus dem 9. Jahrhundert – Wunder- und Wohltäterin des notleidenden Volkes, Patronin bei Kopf- und Ohrenleiden – leitet sich von althochdeutsch *liuti* (Leute, Volk) oder *liohta* (Licht, hell, klar) sowie *hilta* für „Kämpferin“ ab. Nach ihr ist Lüftelberg, zweieinhalb Kilometer nordwestlich von Meckenheim, benannt. Vielleicht lockt schon der Name zu einem Abstecher hierher.

Das Grab der Ortsheiligen befindet sich in der schönen romanischen Dorfkirche St. Petrus. Lüfthildis' Grabplatte besteht aus dem kostbarsten, weil nur begrenzt verfügbaren heimischen Werkstoff des 12./13. Jahrhunderts: Der sogenannte Eifelmarmor entstand durch Kalkablagerungen in der römischen Wasserleitung.

Seit mit dem Bau einer Umgehungsstraße keine kiesbeladenen Lkw mehr durch Lüftelberg rumpeln, ist in dem Ort eine beinah nostalgisch zu nennende Ruhe eingekehrt. Die Dorfgemeinschaft kümmert sich hingebungsvoll um das kulturhistorische Erbe. 2009 stellte sie durch den Bau eines Wasserrades den ursprünglichen Zustand der alten Dorfmühle wieder her. Gleich daneben steht die hiesige Wasserburg aus dem 16.–18. Jahrhundert. Und nächst Kirche und historischem Pfarrhaus ist der einhundertfünfzig Jahre alte, denkmalgeschützte Pfarrgarten zu bewundern. Im Sommer leuchtet er in allen Farben. Pfarrgärten dienten einst der Lebensmittelversorgung des Ortspfarrers, sie standen aber auch der Dorfgemeinschaft offen. Sie sind im Rheinland nur noch selten anzutreffen.

Der Pfarrgarten wurde wie die Paradiesgärten innerhalb des Kreuzganggevierts eines Klosters angelegt. Seine Pflege ist eine Herzensangelegenheit der Dorfgemeinschaft.

Regionale 2010 Agrohort

Gärten der Technik

Die Gärten der Technik sind keine Gärten im herkömmlichen Sinne, sondern Forschungs- und Produktionslandschaften, die den gesellschaftlichen Umgang mit der Natur und ihren Ressourcen unter Anteilnahme einer möglichst breiten Öffentlichkeit thematisieren. Sie sind künstliche, durch menschlichen Eingriff gestaltete Landschaften und Standorte, in denen geforscht und gearbeitet wird. Die Idee ist, ein Netzwerk außerschulischer Lern- und Erlebnisorte zu entwickeln, die innovativ, lebendig und kompetent in technologische und wissenschaftliche Aktivitäten der Region Köln/Bonn einführen. Zum Netzwerk „Gärten der Technik" gehören die Einzelprojekte Envihab **(Köln, Bd. 4)**, Terra Nova, Chemergie **(Entlang der Erft, Bd. 5)**, Metabolon (Zukunft Leppe) **(Bergische Höhen, Bd. 3)** und Agrohort.

Agrohort

Im Bereich der Mittelrheinischen Pforte mit ihren fruchtbaren Böden des Siebengebirges, im Pleiser sowie im Drachenfelser Ländchen soll eine Weiterentwicklung des Obst- und Gartenbaus erfolgen, ohne den besonderen Reiz der historischen Kulturlandschaft zu zerstören. In diesem Sinne und aufgrund der Anforderungen eines immer mehr global operierenden Marktes wurde in der Meckenheimer Börde eine der größten landwirtschaftlichen Versuchsanlagen

Zukunftsweisende Formen und zukunftssichernde Materialien bestimmen die landwirtschaftlichen Forschungen des Agrohort.

Deutschlands angesiedelt. Die landwirtschaftliche Fakultät der Universität Bonn untersucht hier moderne Formen des Gartenbaus und landwirtschaftliche Anbaumethoden der Zukunft.

Der rund hundertvierzig Hektar große Campus „Klein-Altendorf" befindet sich auf dem Gelände der namengebenden historischen Hofanlage auf halber Strecke zwischen Meckenheim und Rheinbach. Einen Schwerpunkt der wissenschaftlichen Arbeit bildet der Übergang von der Freilandkultur über den teilgeschützten Anbau (sogenannte Rainoutshelter und Vegetationshallen) bis zum licht- und energieoptimierten Gewächshaus. Für die Versuchsanlage Klein-Altendorf wurde ein innovativer Gewächshauskomplex aus neuen hochtransparenten Dachmaterialien entwickelt. Er verbraucht weniger Energie als herkömmliche Gewächshäuser und wird mit auf dem Campus und in der Region produzierten regenerativen Rohstoffen beheizt.

Für die Neugestaltung der Versuchsanlage wurde ein europaweiter Wettbewerb ausgeschrieben. Eine der Wettbewerbsbedingungen war, dass die Forschungs- und Produktionsflächen teilöffentlich werden sollen. Weniger sensible Bereiche sollen selbsttätig oder im Rahmen von Führungen besichtigt werden können, ohne dass Betriebsabläufe gestört werden. Auch andere landwirtschaftliche Produktionsstätten der Region wie Baumschulen, Obst- und Gartenbaubetriebe oder die Grafschafter Krautfabrik werden in das Konzept miteinbezogen. Zu einem „Regionalen Forum für Gartenbau und Landwirtschaft" vernetzt, sollen sie unter optimalen Forschungs- und Produktionsbedingungen für ihre Produkte werben können. Wie eine hochinnovative Forschungs- und Produktionslandschaft mit Freilandlaboren bei parallelem Publikumsverkehr aussehen kann, zeigt der 2007 gekürte Siegerentwurf für die Gestaltung von Klein-Altendorf.

Masterplan für Agrohort – einer faszinierenden Forschungslandschaft für Landwirtschaft und Gartenbau am Campus Klein-Altendorf

TOURISMUSINFORMATION
Rhein-Voreifel-Touristik e. V.
Rathausstr. 34
53343 Wachtberg
Tel. 0228 / 95 44-100
www.rhein-voreifel-touristik.de
Der Verein Rhein-Voreifel-Touristik e. V. ist zentraler Ansprechpartner für die touristischen Belange der Kommunen Alfter, Bornheim, Meckenheim, Rheinbach, Swisttal und Wachtberg

Rhein-Voreifel-Touristik Wachtberg
Adresse siehe oben
Tel. 0228 / 95 44-178

Meckenheim – Verkehrsbüro
Bahnhofstr. 22
53340 Meckenheim
Tel. 02225 / 917-149
www.meckenheim.de

Rheinbach – Touristinformation
Schweigelstr. 23
53359 Rheinbach
Tel. 02226 / 917-0
www.rheinbach.de

Zweckverband Naturpark Rheinland
Willy-Brandt-Platz 1
50126 Bergheim
Tel. 02271 / 83 42 12
www.naturpark-rheinland.de

AM WEGESRAND
Dächelsberg
Das Naturschutzgebiet Dächelsberg wird betreut von der **NABU Kreisgruppe Bonn**
Waldstr. 31
53913 Swisttal-Dünstekoven
Tel. 02254 / 84 65 37
www.NABU-Bonn.de

Schneiders Obsthof
Kürrighovener Str. 41
53343 Wachtberg-Kürrighoven
Tel. 0228 / 85 44 77-0
www.schneiders-obsthof.de
Obstlehrpfad

Radom
Fraunhofer-Institut für Hochfrequenzphysik und Radartechnik FHR
Neuenahrer Str. 20
53343 Wachtberg
Tel. 0228 / 94 35-227
www.fhr.fgan.de

Auch das ist eine blühende Landschaft. Vor der Gaumenfreude sind Apfelbäume ein Schmaus für die Augen.

HEREINGESCHAUT!

Adendorfer Töpfergemeinschaft
c/o Doris Mennigen
Töpferstr. 63
53343 Wachtberg-Adendorf
Tel. 02225 / 45 01
www.adendorfer-toepfergemeinschaft.de
Öffnungszeiten der Betriebe Mo–Fr 9–18 Uhr, Sa 9–14 Uhr, jeden 2. So im Monat 10–17 Uhr
Alle Betriebe können während der Öffnungszeiten besichtigt werden

Agrohort
www.gaerten-der-technik.de
sowie über
Institut der Gartenbauwissenschaften
Universität Bonn
Tel. 0228 / 73 51 35
www.uni-bonn.de

Naturparkzentrum Himmeroder Hof
Himmeroder Wall 6
53359 Rheinbach
Tel. 02262 / 23 43
www.naturpark-rheinland.de
Di–Fr 10–12, 14–17 Uhr, Sa 14–17 Uhr, So 11–17 Uhr
Das Naturparkzentrum Himmeroder Hof gehört zum Zweckverband Naturpark Rheinland

Glasmuseum Rheinbach
Himmeroder Wall 6
53359 Rheinbach
Tel. 02226 / 91 75 00
www.glasmuseum-rheinbach.de
Di–Fr 10–12, 14–17 Uhr, Sa, So 11–17 Uhr
Eintritt: € 2,50, erm. € 1,00, Gruppen ab 11 Pers. pro Pers. € 2,00, erm. € 0,50, Gruppenführung € 15,00

EINKEHREN

Restaurant Burg Münchhausen
Burg Münchhausen 1
53343 Wachtberg-Adendorf
Tel. 02225 / 94 83 69
Di–Sa 17–23 Uhr, So, Feiertag 12–23 Uhr

Forschung, Lehre, Produktion und Information der interessierten Öffentlichkeit gehen im Campus Klein-Altendorf Hand in Hand.

Erlebnisraum Vorgebirge

Große Teile des Landschaftsraumes zwischen Vorgebirge und Meckenheimer Börde bis hin zur Mittelrheinischen Pforte sind vom Gartenbau geprägt. Die klimatisch günstigen Bedingungen der Region und die Nähe zum Endverbraucher – sprich: die Dichte von Besiedelung und Nutzung dieser „Gärten der Region" – haben die Entwicklung von Gemüse- und Kernobstanbau begünstigt. Ähnlich wie im Übergangsbereich vom Ballungsraum Köln zum Bergischen Land sollte ein weiteres Vordringen der Siedlungsflächen möglichst unterbleiben. Acker- und Gartenbau können dagegen weitere Entfaltungsmöglichkeiten erhalten. Um dem nach Grün verlangenden Freizeitbedürfnis der in der Region lebenden Menschen Rechnung zu tragen, müssen die verbliebenen und teils renaturierten Freiflächen bewahrt und durch eine möglichst vorsichtige Gestaltung geschützt werden.

Was können Sie hier tun und erleben?

In den letzten Jahren hat die direkte Vermarktung landwirtschaftlicher Produkte deutlich zugenommen. Die gewachsene Nachfrage nach frischen und hochwertigen Nahrungsmitteln aus der Region und für die Region sowie Produktpräsentationen, die Einkaufen und Konsumieren zu einem Erlebnis machen, sind Wegweiser durch den Erlebnisraum Vorgebirge. Der Wandel der Kiesgrubenlandschaft in der Rheinebene zwischen Bornheim und Hersel in grüne Schutzgebiete kommt dem Wunsch nach naturnahem Erleben entgegen.

Anfahrt:

Alle Ziele dieses großen, aber kleinteiligen Erlebnisraumes können Sie mit dem Auto ansteuern. Am besten schließen Sie die Tour direkt an den Endpunkt der Fahrt durch den Erlebnisraum Voreifel an, also ab Rheinbach Richtung Swisttal-Miel über die B 266. Längere Landpartien machen die Tour auch für Motorradfahrer interessant. Innerhalb des Projektbereiches Grünes C empfiehlt sich aber doch das Fahrrad. Ziel aller auf zwei oder vier Rädern Tourenden ist der Rhein bei Hersel und Bonn-Graurheindorf.

Orte wie Heimerzheim sind noch ländlich geprägt. Doch zwischen Dörfern und Äckern liegen Einkaufs- und Gewerbezentren, Schnellstraßen und alle weiteren Spielarten modernen Lebens.

Sechtem
Walberberg
Widdig
Rheidt
A 555
Rhein
B 9
Mondorf
Merten
Uedorf
Fähranleger Mondorfer Fähre
Herseler Werth
Hersel
Rösberg
Kardorf
Projektraum: Grünes C
Hemmerich
Waldorf
Bornheim
Bhf.
Bonn
Tannenbusch
164 m
Hennesen-berg
Heimatblick
Ville
Golfplatz
Alfter
Dransdorf
Metternich
Oedekoven
Lessenich
B 56
Heimerzheim
Kottenforst
Duisdorf
Dünstekoven
A 565
Ollheim
Swisttal
Witterschlick
A 61
B 56
Buschhoven
Miel
Schloss Miel
Morenhoven
Ludendorf
Swistbach
Lüftelberg
Kottenforst
Niederdrees
Flerzheim
B 286
Steinbüchel
Merl
Ramershoven
Oberdrees
Start
Bhf.
Bhf.
Meckenheim
N
Rheinbach
Projektraum: Agrohort
Adendorf
0
2
km
Wormersdorf

Im Gleichschritt mit der Natur

Landwirtschaftliche Nutzung hat in der Region Köln/Bonn eine über zweitausendjährige Tradition. Existenzgrundlage sind die nahrhaften Lössböden in der Kölner Bucht. Hier gibt es sehr vielfältige Formen der Landwirtschaft. Schon auf der Fahrt von Rheinbach begegnen einem ab Oberdrees die ersten Kappesfelder. Von Alfter bis Bornheim sieht man dann alles wachsen, was auf den grünen Tisch gehört: Salate, Wurzelgemüse, Hülsenfrüchte, Kohl. Berühmt ist der Bornheimer Spargel. Wenn Drachenfelser Ländchen und Voreifel der Obstgarten Bonns sind, dann ist das hier Bonns Gemüsegarten. Der Obstanbau spielt eine verhältnismäßig kleinere, doch nicht weniger bedeutende Rolle.

Miel

Das vom kurkölnischen Haus-, Hof- und Staatsminister Caspar Anton Freiherr von Heyden, genannt Belderbusch, im Stile Louis XVI. errichtete „Maison de Plaisance" in Miel war ein Lustschloss. In seinem weitgehend unveränderten baulichen Zustand ist es ein Glanzstück aus der Zeit des Rokoko. Erbaut wurde es nach 1767. Wer das heute im Schlossgarten wie Gardesoldaten aufgereihte rheinische Spalierobst abschreiten möchte, sehe sich jedoch vor und gehe nicht zu weit: Hinweisschilder warnen vor lebensgefährlichen Verletzungen durch Golfbälle, welche nur Mitgliedern des Schloss Miel unterhaltenden Clubs zu schießen erlaubt sind.

Schloss Miel (oben) diente der unstandesgemäßen Allianz von Graf Belderbusch und der Äbtissin Gräfin von Satzenhoven. Die Bäumchen (unten) stehen erst seit Kurzem stramm.

Börde

Richtung Heimerzheim bewegen Sie sich durch eine weite, von Felderwirtschaft besetzte Ebene. Fast wie Halligen erheben sich die Silhouetten der Dörfer über die Felder. Östlich ist die Ebene von der bewaldeten Anhöhe des Kottenforstes begrenzt. In der linksrheinischen Börde findet man Gemeinden, in denen fast ausschließlich Ackerbau betrieben wird. Im Hinblick auf die zunehmende Konzentration der landwirtschaftlichen Nutzung auf die wenigen Bördelandschaften in Deutschland ist der Ackerbau für die zukünftige Nahrungsmittelproduktion der Region von großer Bedeutung.

Alfter

Bis hierher haben Sie sich auf der rheinischen Villenterrasse bewegt. Bei Alfter fällt der Villehang nun abrupt zur Tiefebene des Rheins hinab. In und um und um Alfter herum können Sie in besonderer Dichte erfahren, was „Kulturlandschaft“ in dieser Region heißt. Lang gestreckte ehemalige Straßendörfer mit altem Fachwerk- und Backsteinhausbestand sowie Neubaugebiete sind in einem von schlingernden Straßen und den Linien der Hochspannungsmasten durchzogenen Kleingebirge fast vollständig mit Äckern und Feldern verzahnt. Die Gegend wirkt fast wie eine Vorstadt Bonns.

Neben Krume, Kilowatt und Kate punktet Alfter aber auch kulturell. Die Gemeinde ist Sitz der Alanus Hochschule für Kunst und Gesellschaft. Die Ortschaften Oedekoven und Impekoven besitzen mit den Kirchen St. Mariä Himmelfahrt von Emil Steffann beziehungsweise St. Mariä Heimsuchung von Gottfried Böhm Bauwerke von zwei der besten Kirchenarchitekten des 20. Jahrhunderts. Der Facettenreichtum dieser Dörfer (aber sind es noch Dörfer?) hat seinen individuellen Reiz. Man hat jedoch das

Auch in Alfter-Impekoven ist Gottfried Böhm eine Synthese moderner mit alter Bebauung gelungen. St. Mariä Heimsuchung fügt sich wunderbar in die gewachsene Struktur des Dorfes ein.

dringende Gefühl, dass die Waage von Wohnen und Landbau, Infrastruktur und Landschaft auf keiner Seite mehr beschwert werden dürfe.

Heimatblick

Vielfalt und Stattlichkeit des Kulturlandschaftsraumes Köln/Bonn ist immer noch am besten vom fulminanten Aussichtspunkt „Heimatblick" oberhalb von Roisdorf zu erleben. Durch eine kleinteilig bewirtschaftete Tallandschaft gelangen Sie den Villehang wieder hinauf. Mysteriöse Straßennamen wie „Blutpfad" und „Donnerstein" laden die Strecke dramatisch auf.

Auf der Höhe des Hangs empfängt Sie das größte Brombeeranbaugebiet Deutschlands. Eine bemerkenswerte Sache – gilt den durchsetzungsstarken dornigen Ranken der schwarzsüßen Frucht unter Hobbygärtnern doch eher Ärger statt Freude. Obstbauer Wilhelm Maucher entdeckte Anfang der 1950er-Jahre in ihr jedoch eine Marktlücke. Da Maucher Bauerndemonstrationen gegen die Landwirtschaftspolitik der jungen BRD organisierte, hieß er der „Rebell vom Vorgebirge". Sein dreizehnprozentiger Brombeerwein wurde zum „Rebellenblut". Ob mit oder ohne diesen Geist des Widerstands im Adergestrüpp – die Aussicht vom „Heimatblick" ist sacht schwindelerregend und stark eindrucksvoll. Man sieht einfach alles: von Wachtbergs Radom übers Siebengebirge mit Petersberg und den Türmen Bonns davor (Kirchen, Schlösser, Post und Langer Eugen) bis nach Siegburg, Bensberg, Wesseling und Köln (Schlote, Dom und Fernsehturm). Und wer auf halbem Weg hinab noch einmal am (Rebellen-)Blutpfad stoppt, sieht auf Augenhöhe die Flugzeuge über Köln-Wahn niedergehen.

Friedvoll geordneter Landbau an Donnerstein und Blutpfad

Radom observiert vom Heimatblick

Obstbaumuseum Merten

Bereits seit über hundert Jahren wird im Betrieb der Familie Schmitz-Hübsch in Merten Obst angebaut. Anlässlich des runden Firmenjubiläums eröffnete sie 1996 auf ihrem Betriebsgelände ein Obstbaumuseum. In der großen hofeigenen Ausstellungshalle, in der bis zum Zweiten Weltkrieg Konserven hergestellt wurden, zeigen historische Dokumente, Geräte und Maschinen, wie sich der Obstanbau im Laufe des Jahrhunderts verändert hat. Eine entscheidende Rolle kam dabei der Kultivierung des Spalieranbaus zu. Diese Anbaumethode ist im Unterschied zu den traditionellen Streuobstwiesen, wie sie noch vereinzelt im Bergischen Land **(Bergische Höhen, Bd. 3)** zu finden sind, mittlerweile im Vorgebirge und, wie gesehen, auch in der Meckenheimer Börde ausschließlich anzutreffen.

„Sehen und Schmecken" könnte man das Motto von Museum und Obsthof Schmitz-Hübsch umschreiben. In einem zweitausend Quadratmeter großen Versuchsgarten werden neue Obstsorten getestet. Was anbauenswert ist, entscheidet nicht nur der Ertrag auf Grundlage der heimischen Klima- und Bodenbeschaffenheiten. Entscheidend sind vor allem die Vorlieben der Kunden. Denn verkauft wird seit Generationen nur ab Hof. In der großen Verkaufshalle liegen jederzeit Schnitzen der frisch geernteten Früchte bereit. Manch einer wird unter den zwanzig verschiedenen Apfel- und Birnensorten auch bislang ihm völlig unbekannte Arten entdecken. Der Selbstversuch mit „Freiherr von Berlepsch" oder „Topas" beweist: Es schmeckt!

Das Museum in Merten dokumentiert, wie schon vor über hundert Jahren systematische Ertragsoptimierung, Rationalisierung und Mechanisierung den Obstanbau prägten.

Regionale 2010
Grünes C

Beim Rundgang am „Heimatblick“ haben Sie vielleicht schon einen halben Blick auf eine stillgelegte Sandgrube werfen können. Nicht nur dem, was aus Vorgebirgserde und rheinischer Tiefebene rauswächst, sondern auch den Böden selbst gilt das Interesse des Menschen. Tagebau spielt im Viertelring der Kommunen Swisttal – Alfter – Bornheim zwar keine solchermaßen landschaftsumwälzende Rolle wie im Erftgebiet **(Entlang der Erft, Bd. 5)**, landschaftsprägend ist er aber schon. So wird in der Ebene zwischen Bornheim und Hersel in größerem Umfang Kies abgebaut. Neben aktiven Gruben gibt es auch zahlreiche aufgelassene. Im Laufe der Zeit entwickelten sie sich zu neuen Naturräumen. Der mit Grundwasser gefüllte Herseler See steht sogar unter Naturschutz.

Damit Anwohner und Besucher dieses für das Erholungs- und Freizeitbedürfnis kostbare Gebiet in seiner Vielfalt erleben können, aber auch um den Ansprüchen verschiedener Nutzer nachzukommen, beteiligen sich sechs Kommunen am Regionale-Großprojekt Grünes C. Das Grüne C ist ein Gemeinschaftsprojekt der Städte Bonn, Bornheim, Niederkassel, Troisdorf, Sankt Augustin und der Gemeinde Alfter **(Sieg und Bröl, Bd. 8)**. Ziel ist, eine durchgängige und barrierefreie Freiraumverbindung für Fußgänger und Radfahrer über den Rhein hinweg zwischen Kottenforst, Waldville, Rheinaue, Siegmündung, Siebengebirge und Pleiser Hügelland am Nordrand von Bonn zu schaffen. Für Grünhungrige und Erholungssuchende der Region wird ein großräumiger Landschaftsbogen in Form eines liegenden C gespannt. Ein durch verschiedene Elemente wie Baumreihen leicht identifizierbares Wegenetz wird die erhaltenen Grünflächen teils lückenlos miteinander verbinden. „Tore“ aus Baumgruppen und Infopunkten werden Eingangszonen von den Siedlungen in den Grünbereich des C bilden. Durch die gesteigerte Attraktivität ge-

rade der Nahtstellen zwischen Wohn- und Landschaftsraum soll ein weiteres Übergreifen der bebauten Flächen eingedämmt werden. Denn die naturräumlichen Reste dieser Landschaft unterliegen einem hohen Druck. Fortschreitender Siedlungsbau, Land-, Forst- und Wasserwirtschaft sowie Naturschutz und Landschaftspflege befinden sich in einem hochkomplexen Spannungsverhältnis miteinander. An manchen Stellen droht das Grüne Band des C geradezu zu zerreißen. Teilprojekte wie der integrative Entwurf des Grünzugs „Im Rosenfeld“ entlang des geplanten Wohnviertels in Bonn-Buschdorf besitzen deshalb höchste Priorität. Das Grüne C dient also der Entspannung jener Interessenkollisionen und – last, not least – der Entspannung der hier lebenden Menschen.

Der linksrheinische Teil des Grünen C knüpft über den Grünkorridor Rhein-Erft **(Entlang der Erft, Bd. 5)** an ein weiteres Großprojekt der Regionale 2010 an, die Regio Grün **(Köln, Bd. 4)**. Der östlich des Rheins gelegene Teil ist naturräumlich vor allem durch die Siegauenlandschaft mit Mündung zum Rhein und durch Reste feuchter Wälder und Brüche geprägt. Innerhalb dieses Raumes haben sich sogar wenige Streuobstwiesen erhalten. Die völlige Neugestaltung des Fischereimuseums Bergheim an der Sieg ist als eigenständiges Projekt der fast tausendjährigen Fischereibruderschaft in das Grüne C integriert. Eine verkehrssichere und deutlich markierte Wegeführung führt am Fischereimuseum vorbei zur Siegfähre bei Troisdorf-Bergheim **(Sieg und Bröl, Bd. 8)**. Die Siegfähre nahe der Mündung in den Rhein ist eine der ältesten noch in Betrieb befindlichen Einmann-Gierfähren Deutschlands. Zum Begriff: Gierfähren hängen an einem leichten, von Ufer zu Ufer gespannten Drahtseil. Je nach Winkel des Schiffes zur Strömung quert es entlang des Seils das Wasser.

Das kommunenübergreifende Projekt Grünes C ist auf Jahre angelegt. Die jungen Bäume an den Knotenpunkten des Wegenetzes lassen ihre landschaftsgestaltende Wirkung schon erahnen.

Brückenschlag Mondorfer Fähre

Herzstück des weit über das Jahr 2010 hinaus projektierten Grünen C ist der Rheinübergang zwischen Mondorf und Graurheindorf **(Rhein, Bd 1)**. Die Neugestaltung des Umfeldes der Mondorfer Fähre ist der wichtigste Baustein innerhalb der räumlichen Vernetzung des Grünen C. Beide Fährköpfe werden landschaftsarchitektonisch umgestaltet und in das regionale Landschaftskonzept des Grünen C integriert. Auf Niederkasseler Seite wird der Uferpark und der rechtsseitige Fährbereich behutsam neu gestaltet und in seinen Funktionen zukunftsfähig geordnet. Die Rheinterrassen werden mit drei Platzebenen zentraler Punkt des Uferparks. Die Integration der Anlegerstellen in Landschaftsparks mit Liegewiesen, Kiosk, Biergarten und „Beach“ erweitern die alte Fährverbindung zum Erlebnisraum.

Eines langen Tages Reise bis zum Feierabend – die Sportboote am Herseler Werth gegenüber von Mondorf versprechen Erholung von der Mühe des Alltags.

TOURISMUSINFORMATION
Rhein-Voreifel-Touristik e.V.
Rathausstr. 34, 53343 Wachtberg
Tel. 0228 / 95 44-100
www.rhein-voreifel-touristik.de
Der Verein Rhein-Voreifel-Touristik e. V. ist zentraler Ansprechpartner für die touristischen Belange der Kommunen Alfter, Bornheim, Meckenheim, Rheinbach, Swisttal und Wachtberg

Alfter – Tourismus
Am Rathaus 7, 53347 Alfter
Tel. 0228 / 64 84-0, www.alfter.de

Bornheim – Touristinfo
Rathausstr. 2, 53332 Bornheim
Tel. 02222 / 945-0, www.bornheim.de

Swisttal – Touristinfo
Rathausstr. 115, 53913 Swisttal
Tel. 02255 / 309-0, www.swisttal.de

Alanus Hochschule gGmbH
Villestr. 3, 53347 Alfter
Tel. 02222 / 93 21-0, www.alanus.edu

Zweckverband Naturpark Rheinland
Willy-Brandt-Platz 1, 50126 Bergheim
Tel. 02271 / 83 42 12
www.naturpark-rheinland.de

Mondorfer Fähre
Okt. – März Mo–Fr 6.30–19 Uhr, Sa, So, Feiertag 10–17 Uhr; Apr. – Sep. Mo–Fr 6.30–20 Uhr, Sa, So, Feiertag 9–20 Uhr
Eintritt: € 1,00, erm. € 0,50, Fahrradmitnahme € 1,50

HEREINGESCHAUT!
Museum Schloss Miel
Schlossallee 1, 53913 Swisttal-Miel
Tel. 02226 / 100 50
www.golf-schloss-miel.de
Mai – Sep. Di–So 10–18 Uhr,
Okt. – Apr. Di–So auf Anfrage
Eintritt: € 3,00 (ab 14 Jahre)

St. Mariä Himmelfahrt
Im Wingert, 53347 Alfter-Oedekoven

St. Mariä Heimsuchung
Engelsgasse, 53347 Alfter-Impekoven

Obstmuseum Merten
Obsthof Schmitz-Hübsch
53332 Bornheim-Merten
Tel. 02227 / 822 23
www.schmitzhuebsch.de und
www.naturpark-rheinland.de/obstmuseum
Hofladen Mo–Fr 8–19 Uhr, Sa 8–16 Uhr

Aussichtspunkt „Heimatblick"
Brombeerweg 1, 53332 Bornheim

EINKEHREN
Restaurant „Graf Belderbusch"
im Golfclub Schloss Miel
Tel. 02226 / 907 88 07
Mo–So 10–22 Uhr

Die Mariä Himmelfahrtskirche (1955) von Emil Steffann liegt weit oben im Dorf. Vom Kirchplatz in Oedekoven haben Sie den besten Überblick über die Rheinische Bucht bei Bonn.